LE MEILLEUR & LE PLUS SIMPLE
DE LA POMME DE TERRE

S0-BZE-452

Des mêmes auteurs

JOËL ROBUCHON

Ma cuisine pour vous
collection « Les recettes originales de... »
Robert Laffont, 1986

Le Meilleur et le Plus Simple de Robuchon
Robert Laffont, 1991

Les Dimanches de Robuchon
Le Chêne, 1993

PATRICK PIERRE SABATIER

La Pomme de terre, c'est aussi un produit diététique
Robert Laffont, 1993

JOËL ROBUCHON

Dr PATRICK P. SABATIER

LE MEILLEUR

&

LE PLUS SIMPLE

DE LA

POMME DE TERRE

100 RECETTES

ROBERT LAFFONT

Crédits photographiques : Hervé AMIARD et Laurence MOUTON.
Shopping : Autrement (Kitchen Bazaar), La Maison Ivre, La Tuile à Loup,
Globe Trotters.

© Éditions Robert Laffont, S.A., 1994

SOMMAIRE

Avant-propos   7

Éloge d'un légume roi   9
L'histoire   11
Les qualités nutritionnelles de la pomme de terre   25
Les variétés et leur bon usage   29

Les recettes   35
   Les potages   37
   Les salades   53
   Les plats   81
   Les garnitures   111
   Les pommes frites   195
   Fantaisies aux pommes de terre   207

Conclusion   211
Annexes   213
   Glossaire   215
   Table des matières   219
   Index   222

AVANT-PROPOS

En 1773, Parmentier écrivait déjà : «[...] le cuisinier dont l'art est aujourd'hui si délicat, si recherché et si important, trouvera dans les pommes de terre de quoi exercer son génie inventif et meurtrier. »

Le fait est qu'il existe autant de manières d'accommoder la pomme de terre qu'il y a de repas dans une année, mais beaucoup sont des redites et peu détaillent vraiment la façon et le tour de main propres à tirer le meilleur parti de ses exceptionnelles qualités.

Il s'agit ici de retrouver l'art de cuisiner les pommes de terre en allant toujours au plus simple et d'en tirer la quintessence, sans pour autant utiliser de faire-valoir tels les truffes ou le foie gras dont elle n'a nul besoin pour briller.

Certaines préparations ont été volontairement écartées, car ne présentant qu'un intérêt gastronomique relatif, ainsi les desserts, gâteaux aux pommes de terre par exemple, souvent trop « nourrissants ».

Par ailleurs, diététique et gastronomie ne sont jamais opposées car il est important de préserver également les qualités nutritionnelles de la pomme de terre qui, plus que l'aliment nourricier et providentiel de Parmentier, est aussi une source de vitamines et d'oligo-éléments indispensables à la santé de nos contemporains.

Ainsi, le meilleur et le plus simple sont-ils conjugués dans un double souci d'équilibre et de plaisir.

JOËL ROBUCHON ET PATRICK P. SABATIER

ÉLOGE D'UN LÉGUME ROI

La pomme de terre, apparue en Europe dans les années 1540, mettra plus de deux siècles à s'imposer aux Français. Mais une fois la chose faite, elle deviendra un « incontournable » de la table, celle des petits comme celle des grands, sans distinction de milieu. C'est dire qu'elle présente des qualités particulières, qui font d'elle un aliment unique en son genre.

Est-ce le goût, la consistance ou encore cette capacité à fixer les saveurs, qui la rendent si appréciable ? Chacun possède sans doute en mémoire le souvenir inimitable des purées de pommes de terre de son enfance et se trouve bien souvent désolé, devenu grand, de ne plus le retrouver. En fait, nul ne sait très bien quel goût elle a. Une chose est certaine, il n'est ni salé, ni vraiment sucré, ni amer, ni acide. Mais on peut certainement dire qu'il est doux et pour ainsi dire rassurant.

Accommodante, elle l'est également, puisque tous les artifices culinaires, ou presque, lui réussissent. Il faut ajouter à cela qu'elle passionne désormais le nutritionniste qui voit en elle une denrée « naturelle » et « providentielle » dans un contexte d'alimentation globalement déséquilibrée tant par excès que par défaut. Ainsi, en 1991, les *Entretiens de Bichat* ont-ils fait l'objet d'une communication sur « la valeur nutritionnelle de la pomme de terre dans l'alimentation contemporaine ».

Plus étonnant encore, car moins connu, de nombreux chercheurs travaillent quotidiennement à son « amélioration ». De nouvelles variétés, issues des techniques d'hybridation, apparaissent régulièrement, plus résistantes aux parasites, plus précoces, de meilleure tenue à la cuisson, plus proches du goût estimé des consommateurs. On parle même d'une modification de son contenu dans le sens d'une meilleure balance en acides aminés, éléments constitutifs des protéines. La « pomate » enfin, hybride non comestible entre la tomate et la pomme de terre, illustre bien l'intérêt des scientifiques pour le tubercule.

De loin le légume le plus consommé en France, elle n'en jouit pas moins dans le monde entier d'une grande considération puisque sa culture concerne actuellement plus de cent trente-deux

États sur les quelque cent soixante-sept nations indépendantes du monde. Elle est en fait, de par une nature bienveillante, cultivable presque partout, pour peu qu'il y ait suffisamment d'humidité.

À l'image qui lui est traditionnellement associée, terroir, enfance, chaleur du foyer, «bon vieux temps», il convient maintenant de rajouter celle d'un aliment «moderne», adapté aux besoins actuels de l'homme. Un aliment qui intéresse les professionnels de la nutrition mais aussi, et bien sûr, les gourmets et les grands chefs. Ainsi Joël Robuchon. Parce que la pomme de terre et lui sont indissolublement liés l'un à l'autre au travers de la plus simple, la plus irrésistible des recettes, la «purée» qu'il a su sortir de la banalité en l'élevant au rang d'œuvre d'art.

Parce qu'il est sans doute également l'un des meilleurs, et qu'il faut tout le talent d'un grand artiste pour tirer l'excellence d'un aliment dont la bonne volonté à plaire n'est pas l'une des moindres qualités, mais qui sans doute n'avait pas jusqu'alors trouvé le Maître susceptible d'en exprimer toute la quintessence.

Toutes les recettes retenues sont à l'image de la purée, aisées à réaliser, accessibles à tout le monde, mais sorties de la banalité par les astuces et le sens inné du bon et du beau que nous transmet ici Joël Robuchon.

L'HISTOIRE

Aujourd'hui, la multiplicité des variétés de pommes de terre, tant de consommation courante qu'à chair ferme, tant précoces que hâtives, en permet la consommation pratiquement toute l'année et pour tous les goûts. Mais il n'en a pas toujours été ainsi.

Dans les grandes lignes, son histoire peut se résumer à sa découverte sur les hauts plateaux andins ; elle est liée à Pizarre et ses compagnons, à l'obstination deux siècles plus tard d'un pharmacien, Antoine-Augustin Parmentier, à la famine et l'exode irlandais en 1846, et, sans doute, à la sécheresse en France de 1976.

Dans les faits, il s'agit d'une succession de rebondissements qui font que tour à tour découverte, conspuée, réhabilitée, sauvée du mildiou, attaquée par les virus et préservée par la culture *in vitro*, elle a surtout prospéré contre des idées reçues.

Parmi celles-ci, ses origines tant étrangères que chtoniennes furent prétexte à l'accuser de donner la lèpre, ce qui lui valut une interdiction de consommation en France par le parlement de Besançon en 1630. « Calomniez, calomniez... il en restera toujours quelque chose. » Il faudra plus d'un siècle, malgré famines et disettes, pour que cet *a priori* dénué de fondement disparaisse des esprits.

À la décharge des milieux scientifiques de l'époque, reconnaissons que, passé l'enthousiasme des premières découvertes, ils étaient en droit de se méfier d'elle, à cause de son odeur vireuse, et surtout de son appartenance à un groupe de végétaux pour la plupart vénéneux. Il est de fait que le tubercule, qui n'avait pas encore fait l'objet d'une sélection variétale – celle-ci n'interviendra qu'un peu plus tard – devait parfois présenter un goût amer.

De même les croyances religieuses ont-elles certainement eu leur influence, les Indes d'Amérique passant pour être le creuset de productions infernales. Quant à la lèpre, épouvantail connu depuis plus de 1 000 ans avant J.-C., ses origines étaient, dans les mentalités, intimement liées au sol, à ce qui y grouille et qu'on ne voit pas. Alors, le tubercule... d'autant plus que ni son aspect ni sa forme, ou plutôt son absence de forme, ne parlent vraiment pour lui.

Est-elle, même aujourd'hui, réellement à l'abri des préjugés? Rien n'est moins sûr, car à bout d'arguments, ne l'a-t-on point accusée de faire grossir en retournant contre elle l'un de ses plus grands mérites qui est d'avoir en son temps nourri les hommes qui avaient faim... Les nutritionnistes expliquent pourtant que cette idée est sans fondement. Il faut croire que l'esprit humain se plaît ici à assimiler pomme de terre et embonpoint dans un même concept morphologique!

La conquête espagnole

Nourrir ceux qui ont faim, ce n'était certes pas la préoccupation de tous ceux qui, derrière Christophe Colomb, partirent à la recherche de l'or du Nouveau Monde. Dès 1495, trois ans après que Colomb eut touché terre en l'actuelle Haïti, la création de l'empire espagnol fut engagée selon un schéma classique où l'exploration appelait la colonisation, et la colonisation la conquête. L'esprit qui y présidait n'est plus celui qui au siècle précédent avait largement contribué à la diffusion de l'Humanisme dans une volonté de tolérance et d'ouverture. Sous l'autorité de ses souverains Ferdinand et Isabelle, l'Espagne «très catholique» a fermé ses frontières à la pénétration des idées nouvelles, pourchassant tout «déviationnisme» avec pour conséquence l'intolérance, et instrument l'Inquisition. L'association étroite du politique et du religieux liée à des intérêts personnels va donner naissance à la machine la plus irrémédiablement efficace de broyage des hommes et des cultures. Ces conquistadores qui partent n'ont rien à perdre, ne possédant rien et tout à gagner, ainsi Pizarre et ses frères. Né vers 1475 à Trujillo et mort assassiné en 1541 à Lima, Francisco Pizarre n'aura besoin que de cent cinquante hommes pour venir à bout d'un empire vieux de quatre cents ans. En faisant garrotter le 29 août 1533, le dernier Inca Atahualpa, il met en même temps la main sur un prodigieux butin d'or et d'argent.

Et la pomme de terre? Hormis les chercheurs et lettrés qui, à l'époque, accompagnent inévitablement la troupe, elle n'intéresse personne, mais ceux-ci observent, décrivent, tel Pierre Cieça de León dont la *Chronique Espagnole du Pérou* fait, la première, état en 1533 de légumes-racines ou *papas* cultivées par les indigènes dans la région de Quito, selon les recommandations du premier Inca.

Celui-ci, Ayar Manco, devenu Manco Cápac, est au XIᵉ siècle de notre ère, l'initiateur d'une lignée de treize suzerains, dont le dernier ne régnera qu'un jour. Cette dynastie issue de la vallée du Cuzco contrôle à l'arrivée des espagnols l'ensemble des terres depuis le sud de la Colombie jusqu'au Chili central, avec l'océan à l'ouest et la barrière de la forêt amazonienne et des montagnes à l'est. Les communications entre la capitale Cuzco et les régions extrêmes sont alors assurées par un réseau de chemins pavés atteignant plus de vingt-trois mille kilomètres. Ce système contribua largement, entre autres, à l'extension de la culture des *papas*.

Celles-ci étaient déjà cultivées bien avant Manco Cápac, mais son grand mérite a été d'en organiser la culture. Avant lui, les Quitchuas les cultivaient dans les plaines fertiles de la région de Cuzco, mais récoltaient les tubercules seulement en fonction de leurs besoins. Précisons que Cuzco étant à trois mille six cents mètres environ d'altitude, il s'agit de cultures échelonnées entre trois et parfois plus de quatre mille mètres au-dessus du niveau de la mer.

Ce que l'on sait par contre, à partir de documents archéologiques et ethnographiques, c'est que la pomme de terre est déjà consommée dans les Andes, du moins à l'état sauvage, 3 000 ou 4 000 ans avant notre ère. Des fragments de tubercules datant approximativement de 8 000 ans auraient été retrouvés sur des sites funéraires situés au nord du Pérou, le long de la côte. Sa domestication n'interviendra que beaucoup plus tard, mais de toute façon bien avant Manco Cápac.

Nos lettrés constatèrent aussi l'existence de plusieurs variétés, reconnaissables à la couleur des fleurs et des tubercules, à chair blanche, jaune ou rouge. Ces *papas*, semées, cultivées, récoltées depuis des siècles, sont à l'époque l'aliment de base de la population. Elles sont bien sûr consommées fraîches, bouillies ou rôties, mais les Indiens ont également résolu le problème de leur conservation dans une région où il gèle la nuit alors qu'il fait chaud et sec le jour, surtout au cours des mois de juin et de juillet. Il va s'agir de transformer le produit en *chugno* selon une technique ancestrale qui consiste à réaliser un glaçage complet des tubercules, suivi d'une déshydratation totale, sorte de lyophilisation avant l'heure. Sous forme de tubercule séché ou de farine, du *chugno* en parfait état de conservation a été retrouvé par des archéologues dans des tombes précolombiennes sur la côte péruvienne, ce qui atteste l'ancienneté de la technique.

Selon les chroniqueurs, les méthodes variaient d'une région à l'autre, mais le principe général demeurait le même : conserver des éléments nourriciers entre les récoltes et sur plusieurs années, consommer les variétés indigènes résistant au froid mais trop riches en alcaloïdes et par conséquent trop amères au goût pour être absorbées fraîches.

Les Indiens des hauts plateaux du Pérou et de Bolivie profitaient de l'alternance de nuits glaciales et de journées torrides pendant les mois de juin et de juillet pour réaliser une véritable dessiccation des *papas*. Pour ce faire, ils plongeaient les tubercules plusieurs nuits d'affilée dans des bains d'eau glacée pour obtenir une congélation, puis les exposaient plusieurs jours au soleil pour les déshydrater. Ils les foulaient ensuite aux pieds pour en exprimer jusqu'aux dernières traces d'humidité. Le produit ainsi transformé était très léger et de couleur blanchâtre. Il suffisait de le tremper à nouveau dans l'eau pour pouvoir le consommer. Une autre technique consistait également à sécher les tubercules, puis à les piler pour en faire une farine, ancêtre des purées lyophilisées et de l'actuelle *papa seca* péruvienne.

Le *chugno* demeure encore aujourd'hui un produit de base dans l'alimentation des Indiens des hauts plateaux péruviens. Le procédé de fabrication reste le même et, selon qu'après dessiccation et foulage aux pieds, il est immergé dans l'eau à l'abri de la lumière plusieurs semaines, puis séché à nouveau au soleil, ou non, il revêt un aspect blanchâtre ou au contraire brun foncé. Sous ses deux formes, *chugno blanco* ou *chugno negro*, il sert soit à accompagner des ragoûts, soit à confectionner des soupes. Toutefois, du côté des villes et de la frange côtière du Pérou, on lui préfère largement la *papa seca* au goût plus agréable et qui, sous forme de semoule à gros grains, entre dans la préparation de plusieurs plats, en particulier la *carapulca* où elle est mélangée à la viande, aux tomates, aux oignons et à l'ail.

La *papa* devra tout aux savants et chercheurs qui, dans un esprit scientifique, favoriseront son arrivée en Europe, car les conquérants sont dès lors rassasiés, et il est certain que l'amertume de certains tubercules ou le goût suret du *chugno* ne plaident pas en faveur du produit. Son implantation sera d'ailleurs sporadique, devant plus au hasard qu'à un réel besoin. Ses meilleurs atouts seront les conflits européens, véhicules de malheur mais aussi d'informations, et les indigents, premières victimes des disettes cycliques. Autrement dit, la diffusion laborieuse du produit sur l'Ancien Continent reposera sur les idées véhiculées par l'intelligentsia, qui sensibilisera les esprits, et en grande partie sur le hasard d'une cargaison échangée ou d'hommes tombant à point nommé ; l'intermédiaire le plus efficace en sera les guerres qui ravagent l'Europe, et leurs contingents de soldats migrateurs ; enfin, la clientèle : les miséreux et les affamés.

Pour schématiser, nous retiendrons deux grandes voies de pénétration, l'espagnole et l'anglaise. La première, un peu plus précoce mais plus étendue dans le temps, nous mène au Mexique mais surtout en Espagne, puis en Italie, en Belgique, en Autriche, en Allemagne, en Suisse, et enfin tardivement en France. La seconde, bien que plus rapide, s'apparente à un cul-de-sac. Elle nous conduit par l'intermédiaire du flibustier Francis Drake en Virginie et en Angleterre. Mais les anglo-saxons n'en feront pas profiter l'Europe. Une voie annexe, toutefois, concerne l'Irlande, très tôt au fait de la pomme de terre sans doute grâce au négrier John Hawkins, d'où bien plus tard elle gagnera New York.

La voie Pérou-Bolivie-Mexique

Il s'agit d'une voie quasi-obligée, du fait d'une implantation espagnole bien organisée. Progressivement, l'Empire s'est parfaitement structuré et uniformisé tant politiquement qu'administrativement, tant militairement que financièrement. Tout citoyen espagnol circule librement et facilement dans les territoires conquis, du 40° parallèle sud au 30° nord, du Chili au Mexique. Il en est de même de la pomme de terre qui, de la Bolivie, approvisionnée comme nous l'avons vu par les hauts plateaux péruviens, rejoint le Mexique, mis à l'heure espagnole par le grand Cortès. Sa carrière y sera discrète, du fait de la solide implantation du maïs en tant que culture prépondérante, ce qu'elle est encore aujourd'hui.

De la Galice au Vatican – L'Andalousie

Elle arrive en Europe par la petite porte, avec ce qui reste probablement de la cargaison alimentaire d'un galion espagnol venant du Nouveau Monde. Il semblerait que cette première apparition sur le Vieux Continent se situe vers 1540 et qu'elle n'eut comme suite immédiate qu'un retour à l'état sauvage, entre champs et vignes de Galice. Mais elle fut sans doute également cultivée par des moines de Séville tenant un hôpital et confrontés à l'éternelle nécessité de nourrir leurs malades. Ils eurent l'idée de la planter parce qu'ils en avaient entendu parler par les colons d'Amérique et qu'il n'est pas exclu que ceux-ci leur en aient cédé. Comme elle se plaisait en terre andalouse, elle devint l'ordinaire de leurs alités. De *papa* elle passa *battata*, et de cette *battata* devaient naître la *potato* de nos voisins d'Outre-Manche et notre populaire *patate*.

De Rome à Vienne – Le Piémont

Philippe II, fils de Charles Quint et roi d'Espagne, ne pensait certainement pas à la *battata* en termes de gastronomie, et qu'elle fût un mets agréable ne devait pas être sa préoccupation, le chocolat étant à l'époque beaucoup plus intéressant. Mais certains lui ayant affirmé qu'elle redonnait des forces aux malades, quoi de plus naturel que d'en faire parvenir au pape Pie IV, affecté par la goutte. Il est peu probable qu'elle ait soulagé l'affection du Saint-Père, à moins qu'elle n'ait été prétexte à une tempérance que l'époque ne favorisait guère. Sans doute, curieux, la fit-il mettre en culture. Elle aura d'ailleurs à l'époque une certaine vogue en tant que plante ornementale tandis que ses tubercules, sous le nom de *taratouffi*, « petite truffe », engraissaient les cochons. Certaines sources font état de sa pénétration dans les couches populaires italiennes, depuis l'Espagne et le Portugal, par le biais d'ordres religieux itinérants.

Charles de Lécluse

Le pape à son tour, et par l'intermédiaire de son légat en Belgique, fait don de quelques tubercules à Philippe de Sivry, gouverneur de la ville de Mons, en Belgique. Il les met en terre et s'intéresse assez à la plante et à son tubercule pour faire parvenir l'année suivante deux spécimens, accompagnés d'une aquarelle représentant la plante, au botaniste français Charles de Lécluse. Ce dernier, directeur des jardins impériaux de Vienne, en donnera une description précise sous le nom de *papas hispanorum* dans son traité paru en 1601, *Rararium plantarum historia*. En 1588, il quitte l'Autriche et Vienne pour un poste de professeur à l'université de Leyde. Il mourra en 1609, après avoir correspondu avec tous ses homologues européens et vanté les avantages alimentaires du tubercule.

La Suisse et la France :
le « théâtre d'agriculture » d'Olivier de Serres

À défaut de se déplacer rapidement, on écrivait beaucoup à cette époque. Les échanges épistolaires étaient de rigueur entre savants, curieux et gens de lettres. L'information circulait, et ceci valut sans doute à Charles de Lécluse d'être coiffé sur le poteau par le Bâlois Gaspard Bauhin qui lui ravit en 1595 la paternité du nom botanique du tubercule. Il faut imaginer que le tubercule a vraisemblablement pénétré en Suisse par la voie italienne. Il en fait donc une description précise dans son ouvrage le *Phytopinax* quelque cinq ans avant le Français, sous le nom de *solanum tuberosum esculentum* que l'on pourrait traduire par « morelle tubéreuse comestible ». Un siècle et demi plus tard, Linné, dans sa classification, retiendra *solanum tuberosum* comme nom définitif.

Toujours par l'Italie et désormais la Suisse, le tubercule pénètre timidement en France, via le Dauphiné. Olivier de Serres parle alors des « cartoufles » qu'il cultive en Ardèche autour de sa ferme du Pradel et auxquels, en 1601, il consacrera un passage de son ouvrage (conseils de culture), *Le Théâtre d'agriculture et mesnage des champs*. Bauderon, longtemps considéré comme le premier à avoir parlé du tubercule en France, n'en fait une description qu'en 1614, dans sa pharmacopée, et sous le nom bizarre de *satyrium erythronium* ou *tartouste*, dont l'étymologie demeure obscure.

Vers l'Angleterre : l'expédition de Sa Gracieuse Majesté

Il nous faut faire un petit retour en arrière et explorer la voie anglaise. Vers 1577, le corsaire Francis Drake fait escale sur la côte occidentale de l'Amérique du Nord, en Virginie. Il revient d'une campagne contre les Espagnols. Le butin en provenance des Indes occidentales comporte, outre or et bijoux, des pommes de terre.

Les quelques colons presbytériens qu'il rencontre alors ne sont implantés en Virginie que depuis peu, consécutivement à des expéditions anglaises de colonisation plus ou moins heureuses. Leur dénuement est tel qu'il leur laisse quelques sacs de tubercules, qu'ils vont planter avec succès, récolter et manger. Leurs misères cesseront en 1586, à l'occasion de leur rapatriement en Angleterre.

Sir Walter Raleigh, chargé par la reine Elizabeth de prospecter les territoires, était alors accompagné du mathématicien Thomas Harriot. Celui-ci consigna dans sa relation de voyage l'existence de la plante sous le nom d'*openawk* et fit une description de sa « racine » qui ne laisse aucun doute quant à son identité. Les infortunés colons retrouvèrent donc leur mère patrie munis du fruit de leurs plantations. Voilà donc la pomme de terre à Londres.

Le cul-de-sac insulaire

Le botaniste anglais Gerard, dans son ouvrage l'*Herbal*, paru en 1597, parle avec enthousiasme de la *potato of Virginia*, ou encore *common potato* pour la distinguer de la *sweet potato* ou patate douce, également connue et depuis plus longtemps. Il s'extasie déjà sur ses mérites culinaires, mais le succès du tubercule demeure limité à quelques initiés, bien que figurant en 1619 à la table du roi Jacques Ier.

La voie irlandaise

Malgré une famine épouvantable, une de plus, sévissant en Angleterre, nul ne pense à la pomme de terre comme remède. En revanche, Walter Raleigh qui possède des terres en Irlande ne manque pas de l'y introduire. Elle y prospère si bien que l'Irlandais honni et méprisé, et jusque-là perpétuellement affamé, se trouve bien vite favorisé par rapport à l'Anglais. Les Anglais considéreront à ce propos que l'indolence qu'ils prêtaient naturellement à l'Irlandais ne pouvait qu'avoir été renforcée par la consommation de cet aliment vulgaire. Certaines sources font état de l'implantation du tubercule en Irlande dès 1565 par le négrier John Hawkins qui l'aurait rapporté de Santa Fe de Bogotá. Les avis sont toutefois partagés, une ambiguïté existant entre patate et patate douce.

Les années difficiles (1617-1702)

Hormis en Irlande où elle prospère, le XVIIe siècle est pour la pomme de terre une période de stagnation, d'oubli et même de calomnie. La voie anglaise est au point mort. La voie espagnole piétine. La légitimité que lui ont conféré les grands botanistes de l'époque ne passe pas les barrières du pouvoir et des idées reçues.

Sa culture est en général limitée à quelques jardins de particuliers. Elle est présentée à Louis XIII comme une curiosité, ce qu'elle reste, malgré les grandes disettes de 1625 et 1629. L'ignorance, drapée de respectabilité, met un point d'orgue à sa timide pénétration en France, quand le parlement de Besançon, en 1630, en interdit la culture sous prétexte qu'elle donne la lèpre.

En 1662 toutefois, la Société Royale d'Agriculture anglaise en recommande la plantation dans le but de réduire les famines. Mais lorsque John Foster en 1664 publie *La prospérité de l'Angleterre augmentée par la culture de la pomme de terre*, on ne peut pas dire qu'il fasse un «tabac», mais par contre il fait l'unanimité... contre la pomme de terre. Sans doute n'aurait-il pas dû recommander de suivre l'exemple irlandais.

L'Allemagne et la Prusse

En fait, il n'y a qu'en Allemagne qu'elle progresse réellement. La guerre de Trente Ans, commencée en 1618 et opposant l'Allemagne protestante à la coalition catholique Autriche-Espagne, va générer une effroyable misère dans les populations. Apportée dans les cantines des fantassins espagnols, elle gagne ainsi la Westphalie et la Saxe, où sa culture fera dès 1640 d'importants progrès.

Signalons que, pendant les guerres de Louis XIV, le même phénomène se reproduira dans les Flandres, les soldats anglais distribuant aux populations les tubercules que renfermaient leurs besaces. Plus tard, en 1702, Frédéric Ier, roi de Prusse, en rendra la consommation obligatoire sous peine de sévices.

Le succès (1715-1813)

Du début du règne de Louis XV à la mort de Parmentier, la pomme de terre se propagera partout en Europe sans rencontrer de difficultés, sauf en France où il faudra toute l'obstination de son promoteur pour qu'elle soit enfin reconnue d'utilité publique. Dès le début du XVIIIe siècle, après avoir été ignorée, très «britanniquement», sa culture explose en Angleterre, qui en l'occurrence, avec un siècle d'avance, s'avère plus avisée que la France. Elle est très vite présente sur les marchés, elle s'installe dans l'alimentation quotidienne, elle garnit le sac des soldats et sa culture est prétexte à de nombreux traités d'agronomie. L'Italie, l'Espagne, la Suisse, la Belgique, la Hollande la cultivent. Frédéric II, le Grand, l'unique, le clairvoyant, reprend les bonnes méthodes incitatives de son prédécesseur, en laissant aux récalcitrants le choix de la cultiver ou d'avoir le nez et les oreilles coupés. Cela lui permettra toutefois de nourrir soldats et prisonniers pendant la guerre de Sept Ans. Un siècle plus tard, Nicolas Ier, pour les mêmes raisons, agitera la menace d'une déportation en Sibérie. À l'époque des campagnes napoléoniennes, hormis la Russie, un peu en retard, bien que promise à en être un jour le premier producteur mondial, la pomme de terre est cultivée en grand pratiquement partout.

Retour en France (1715-1772)

En France, et depuis l'édit du parlement de Besançon, les cochons mangent les pommes de terre, les hommes les cochons, et les famines emportent les hommes. La soldatesque, les hospices et les prisons en consomment à la rigueur. Elle pâtit d'un préjugé défavorable parmi la classe aisée de la société où l'on considère qu'elle est tout juste bonne à nourrir les animaux. *« Voilà le plus mauvais de tous les légumes dans l'opinion générale ; cependant le peuple, qui est la partie la plus nombreuse de l'humanité, s'en nourrit »*, peut-on lire dans *L'École des Potages* en 1748. Notons que l'auteur en parle, ce qui n'est pas le cas de La Quintinie, directeur des potagers royaux, qui n'en fait jamais mention dans ses traités. *L'Encyclopédie* en 1765 la décrit encore comme une racine fade, farineuse et carminative. Quel que soit le dédain qui entoure la pomme de terre, les ventres creux n'ont pas les préjugés des nantis, mais cela ne suffit pas à en faire un aliment de grande consommation. Une certaine élite scientifique, humaniste dans sa démarche, s'efforce pourtant de faire quelque chose. On peut citer Benjamin Franklin, Lavoisier, La Rochefoucauld, Turgot lui-même, qui ont tous essayé de corriger l'aspect négatif prêté au tubercule. Jusqu'au physicien Volta qui tentera d'intéresser le grand Voltaire. Celui-ci manquera alors d'intuition en traitant le produit de « colifichet de la nature ». Les ingénieurs Fresneau et Duhamel du Monceau s'efforcent d'encourager sa culture.

On note des actions isolées. En 1765, l'évêque de Castres distribue des tubercules aux curés de son diocèse pour qu'ils réalisent des plantations de nature à éveiller des vocations. Le prélat Jean-François de Lamarche prêche pour elle en Bretagne. Le mémoire du Chevalier Mustel, *Les Pommes de terre et le pain économique*, présenté devant l'Académie royale d'agriculture de Rouen en 1767, n'éveille aucun écho. Il présentait pourtant le double intérêt d'allier la pomme de terre au froment et au seigle pour réaliser un pain « économique », et surtout de mettre en évidence pour la première fois les propriétés anti-scorbutiques du tubercule.

À cette époque, la pomme de terre en France est surtout présente dans les régions frontalières, Vosges, Franche-Comté, Dauphiné, ou encore à Belle-Ile-en-Mer, implantée par les Acadiens en exil, chassés du Canada par les Anglais en 1755. 1770 et les suivantes sont à nouveau des années de disette. C'est seulement à cette époque que la France commence sérieusement à s'inquiéter de ses productions agricoles. Aussi en 1771, l'Académie de Besançon, qui avait un édit à se faire pardonner et, sans doute sous la pression de Turgot, propose qu'il soit traité d'un sujet d'actualité : l'étude des substances alimentaires qui pourraient atténuer les calamités d'une disette.

Antoine-Augustin Parmentier (1737-1813)

Le lauréat en est Antoine-Augustin Parmentier qui présente au jury sa *Recherche* sur les végétaux nourrissants qui, dans les temps de disette, sont capables de remplacer les aliments ordinaires, avec de nouvelles observations sur la culture des pommes de terre. Il a alors trente-cinq ans et la pomme de terre est un sujet auquel il pense depuis longtemps. Il faut dire que cet enfant de Montdidier qui y vit le jour en 1737, avait été fait prisonnier en Allemagne, à Francfort, pendant la guerre de Sept Ans alors qu'il était aide-pharmacien à l'armée de Hanovre. Il avait vingt ans et, comme Frédéric II nourrissait indifféremment ses troupes et les prisonniers avec des pommes de terre, il les avait grandement appréciées. Plus encore, il en avait vite compris l'intérêt pour les populations civiles et s'était intéressé de très près à sa culture jusqu'à n'en plus rien ignorer. La guerre s'étant achevée en 1763, il avait poursuivi sa carrière et se trouvait être, en 1772, apothicaire-major de l'Hôtel Royal des Invalides.

La Faculté salue son travail de manière élogieuse et parle même de lui en termes «d'artiste instruit». Elle conclut à «un jugement qui doit être universellement adopté». Parmentier reçoit de nombreux compliments, et les années passent. Il écrit beaucoup, propose un pain fait par moitié de pulpe de pomme de terre râpée et de farine de froment, mais rien n'aboutit. Il comprend que le produit n'a aucun avenir tant que l'aristocratie et la bourgeoisie continuent de faire la fine bouche : *«Il faut, écrit-il, qu'elle apparaisse sur la table des riches comme sur celle des pauvres et qu'elle y occupe le rang que sa saveur, ses qualités nutritives et la sanité de sa matière devraient lui avoir acquis depuis longtemps»*. Il va recevoir l'appui de la Société d'Agriculture de Paris et surtout celui du roi Louis XVI, grâce à qui il pourra user de quelques subterfuges pour faire admettre la pomme de terre parmi les classes aisées de la société.

Le gouvernement s'inquiète en effet, en 1785, de la rareté du blé et se décide à encourager la culture de la pomme de terre. Pour cela, il fallait que la bourgeoisie et l'aristocratie en consomment et l'apprécient, aussi Parmentier sut-il intéresser Louis XVI, beaucoup plus préoccupé de la faim qui touchait le peuple que ses prédécesseurs. Ni Louis XIV ni Louis XV, qui pourtant en eurent occasionnellement à leur table, ne voulurent voir en elle la solution aux disettes répétées qui ravageaient la France et l'Europe. Il restait également à prouver que la pomme de terre était capable de pousser dans les terrains les plus ingrats et sur une plus grande échelle qu'un simple jardinet. Le roi lui accorda donc l'usage d'un champ réputé inculte dans la plaine des Sablons aux portes de Paris, à Neuilly. Parmentier fit effectuer la plantation en 1786 devant un public amusé et dubitatif. Les rires cessèrent vite car, au bout de quelques semaines, les tiges commencèrent à apparaître et au mois d'août le champ était couvert de fleurs de pomme de terre. Parmentier fit alors porter au roi fleurs et tubercules. Le roi mit les fleurs à sa boutonnière, la reine à son chapeau, et les pommes de terre furent servies à la table royale. Les grands seigneurs et courtisans suivirent aussitôt le mouvement. Dans le même temps et au moment de la récolte, Parmentier fit garder la plantation par la maréchaussée, mais de jour seulement, afin que la population vienne chaparder les tubercules, sûrement très précieux puisque faisant l'objet d'une telle attention. L'année suivante, il rééditera l'expérience avec le même stratagème sur un plus grand espace, à Grenelle. La population apprit ainsi à apprécier les pommes de terre et à ne plus s'en méfier.

Cette anecdote parmi d'autres éclaire un des aspects de la personnalité de Parmentier qui pour son «cher» produit était capable de toutes les ruses et astuces afin qu'il fût enfin présent sur toutes les tables. À l'instar de nos meilleurs publicistes, il en fut un remarquable «promoteur» et, s'il n'a ni inventé ni introduit le tubercule dans notre pays, il est certain que celui-ci lui doit tout quant à sa pénétration au sein de l'ensemble des couches sociales. Car avant lui, la pomme de terre était surtout la nourriture des défavorisés et des cochons. Considérée comme indigne de l'homme, sa culture passait dans certaines régions pour appauvrir la terre. C'est dire que malgré son mémoire, couronné par l'Académie de Besançon en 1772, la partie était loin d'être jouée, et qu'il aura fallu toute l'opiniâtreté du grand homme pour que la culture et la consommation du tubercule prennent réellement leur essor en France.

En 1789, il publie son *Traité sur la culture et les usages de la pomme de terre*, mémoire de quatre cent quarante-sept pages, en réponse à la mauvaise récolte de céréales de l'année précédente. La Révolution toutefois est là. Parmentier siège à l'Agence végétale de la Commission de l'agriculture et des arts de la Convention. Mais son cordon de l'ordre de Saint-Michel, qu'il avait reçu de Louis XVI, menace de l'envoyer à la guillotine. Il sauve sa tête en prétextant un voyage professionnel à Genève.

De toute façon, la pomme de terre démarre en France et, en 1793, on recense plus de trente mille hectares cultivés. La Terreur passée, Parmentier poursuit une fructueuse carrière scientifique. Devenu premier pharmacien des Armées, membre du Conseil de Santé, il reçoit de Napoléon la légion d'honneur, finit tranquillement et studieusement sa vie de dévouement à une cause dont le triomphe doit tout à son obstination et aux disettes. Il a la joie de voir venir à lui pauvres et riches chercher des semences de sa précieuse plante. Au moment de sa mort, en 1813, Parmentier est inspecteur général du Service de santé. Il s'éteint sans fortune mais laisse une œuvre considérable, plus de quinze mille pages de texte, traitant non seulement de la pomme de terre, mais de tout ce qui concerne de près ou de loin l'actuel domaine de l'agro-alimentaire, incluant aussi bien le vin, le lait, les céréales, le chocolat, les conserves de viande, les eaux minérales, que la toxicologie de l'ergot de seigle.

De nouveaux rebondissements (1813-1874)

La pomme de terre est lancée. Elle se répand très vite, même en Italie où grâce à Philippo Baldini, le Parmentier italien, et comme partout où il y a disette, sa culture finira par se généraliser sans toutefois, bien sûr, remplacer la *pasta*... En France, sous l'Empire, elle est la nourriture première des armées. Sous Louis-Philippe, la bourgeoisie en fait un aliment du quotidien. Elle n'a plus rien à redouter. Sauf l'imprévisible. Il arrive, comme elle, du Nouveau Monde, c'est le mildiou. Une culture sans histoire, et dont Parmentier prônait la facilité, vient à trahir son monde. On reparle alors de peste, les vieilles hantises se réveillent...

Il s'agit en fait d'un champignon parasite, le *phytophthora*, responsable d'altérations survenant sur les feuilles de la plante, sous forme de colorations jaunes ou brunes. Ces manifestations particulières de la maladie sont à l'origine de son nom *mildiew* signifiant en anglais rouille ou moisissure. On sait qu'il s'introduisit en Europe sous Louis-Philippe vers 1840, à partir d'une cargaison de pommes de terre en provenance du Nouveau Monde. L'origine du champignon serait, semble-t-il, mexicaine. Tous les pays consommateurs de pommes de terre en Europe seront touchés par le fléau.

Le parasite attaque d'abord le feuillage sur lequel il forme des taches huileuses qui, en séchant, prennent une teinte plus sombre. Il s'ensuit une destruction partielle et même parfois totale du feuillage rendant les récoltes impropres à la consommation. Le tubercule n'est pas épargné : le champignon émet des spores que la pluie fait tomber sur le sol et qui y pénètrent. La chair des pommes de terre devient granuleuse et «rouille», elle peut même se liquéfier et dégager une odeur putride.

Les conséquences de l'arrivée du parasite sur l'Ancien Continent furent dramatiques et l'exemple irlandais est tristement célèbre. Pour cette population, la pomme de terre était la base de l'alimentation : tandis que l'Angleterre, comme les autres pays d'Europe était l'objet de famines répétées, l'Irlande y était moins sensible, grâce à ses cultures de pommes de terre.

Malheureusement, dès 1846, le parasite a achevé son travail de destruction, et la famine oubliée depuis plus de deux cents ans va faire près de six cent mille victimes et contraindre une grande partie de la population survivante à l'exode vers New York.

Il faudra attendre 1863 pour que Bary identifie le parasite et propose le remède, une solution à base de sulfate de cuivre et aux propriétés antifongiques, la «bouillie bordelaise». On dispose aujourd'hui de produits chimiques plus modernes, mais les traditionnelles bouillies demeurent efficaces. Certaines variétés sont plus résistantes et les conditions climatiques ont une grande importance, chaleur et humidité favorisant la prolifération du champignon. Les traitements sont avant tout préventifs, ils agissent par pulvérisation sur le feuillage sitôt l'émission d'un avis de traitement diffusé par les stations d'avertissements agricoles de la protection des végétaux.

Mais nous sommes en 1874 et un nouveau péril, le doryphore, arrive en Europe, c'est à nouveau la désolation. De la famille des *chrysomélidés*, ces insectes qui, comme leur nom ne l'indique pas forcément, sont vêtus d'une cuirasse où alternent le doré et le noir, ce coléoptère originaire du Colorado pénètre en Europe alors que celle-ci se relève à peine du mildiou. Sa rencontre avec la feuille de pomme de terre est une véritable lune de miel et sa gourmandise telle qu'en à peine une semaine il peut ne subsister d'un pied plus que les grosses nervures. La femelle y pond, parfois par milliers, ses œufs, de couleur orangée, qui, collés aux feuilles, vont donner naissance après cinq ou six semaines à des larves également voraces. Certaines variétés dissuadent l'insecte, mais leur fort taux en solanine les rend également inconsommables pour l'homme. Le traitement doit bien sûr s'attaquer à la cause.

Encore des périls (1874-1976)

Ces deux drames – 1846 et 1874 – à vingt-huit ans d'intervalle vont faire progresser considérablement les techniques culturales et surtout encourager la sélection variétale. La fin du XIXe siècle est en effet l'époque des grands hybrideurs comme H. de Vilmorin ou encore H. De Vries et le début de nouvelles variétés plus résistantes aux parasites. On traite contre le doryphore, mais les virus attaquent, on crée d'autres variétés résistant aux virus. L'affaire semble réglée. Pas tout à fait...

Rien n'est jamais définitivement acquis. En 1976, la sécheresse en France est catastrophique, les pucerons porteurs de virus se mettent de la partie. La célèbre et savoureuse Belle de Fontenay semble condamnée à disparaître. Mais heureusement la récolte suivante est sauvée par la culture *in vitro*. Cette technique permet en effet à partir d'un fragment de germe, prélevé sur un tubercule sain et mis en éprouvette, d'obtenir rapidement et avec un excellent rendement des tubercules exempts de maladie.

La méthode de multiplication en éprouvette ou «micropropagation», mise au point par une équipe de chercheurs du laboratoire de morphogénèse végétale d'Orsay, permet en outre d'obtenir en huit mois quelque deux millions de boutures, là où il fallait sept à huit ans par la technique habituelle. Elle utilise le germe d'un tubercule sain qui, une fois stérilisé, est coupé en petits morceaux, comportant chacun un nœud, point de départ potentiel d'une tige et de feuilles. Ces fragments sont placés dans des tubes renfermant de la gélose et des sels minéraux. Alors qu'un tubercule en produit dix en un an, le temps d'une récolte, la plante issue de la culture en éprouvette produit cinq à sept boutures par mois. Autant dire qu'un germe, quelle que soit la période de l'année, peut produire suffisamment de boutures pour couvrir quarante hectares de plantation.

La nécessité et le courage opiniâtre de quelques-uns ont imposé la pomme de terre comme aliment de base. L'intelligence et la persévérance ont triomphé de l'inconscient collectif. Quelle aventure ! Une longue suite de tragédies et de malentendus, qui commence par l'anéantissement d'une civilisation et chemine sur fond de guerres, de révolutions, de disettes, de préjugés et de morts d'hommes. Mais la pomme de terre est aujourd'hui cultivée dans le monde entier et nul ne songe plus à lui reprocher ses origines.

LES QUALITÉS NUTRITIONNELLES
DE LA POMME DE TERRE

Elle est le légume le plus consommé en France. Cette position prédominante n'est pas le fait du hasard, mais tient à des qualités propres au tubercule, qui le rendent incomparable sur le plan nutritionnel. Pendant un temps, les hommes s'en sont nourris parce qu'ils avaient faim, ils ont ensuite continué parce que c'était bon au goût. La gastronomie, enfin, s'est emparée d'un produit dont l'un des talents, et non des moindres, est de s'accommoder avec tout ou presque. Toutefois, dans sa présentation la plus simple, la pomme de terre apporte à l'homme des principes nutritifs qui en font, en plus, un « indispensable » de notre alimentation.

Que contient-elle ?

La pomme de terre de conservation, qui est la plus consommée, renferme globalement 78 % d'eau pour 22 % de matière sèche. 100 g de produit comportent en moyenne, et selon les variétés, 15 à 16 g d'amidon, 0,5 g de sucres « rapides », comme le saccharose, un peu de fibres, 2 g de protéines, 0,5 à 1 g d'éléments minéraux et, pour le reste, des substances organiques, des vitamines.

La valeur calorique

Elle est relativement modeste et s'établit entre 80 et 90 kcal (334 à 376 kj) pour 100 g de produit, soit par comparaison 2,5 fois moins qu'une portion de pain équivalente en poids. Sur le plan strictement nutritionnel, sa valeur tant quantitative que qualitative est due principalement d'une part à l'amidon et aux protéines, d'autre part à la présence de vitamines et d'éléments minéraux en quantités non négligeables.

L'amidon

Cette substance, qui occupe près des 4/5e de la matière sèche du tubercule, est formée de nombreuses molécules de maltose accrochées les unes aux autres comme les wagons d'un train. Chaque molécule de maltose peut être dissociée en deux molécules de glucose, forme sous laquelle le corps humain utilise le sucre. Il faut donc que la digestion, depuis la bouche jusqu'à l'intestin, transforme l'amidon de la pomme de terre en glucose. La cuisson préalable du produit permet d'accélérer considérablement cette transformation qui, sinon, ne serait que partiellement possible et rendrait le tubercule parfaitement indigeste.

Les protéines

Elles ne représentent que 2 % du contenu du tubercule, soit environ 1/10e de la matière sèche et la moitié des composants azotés, mais ont un intérêt qualitatif certain du fait de leur valeur biologique.

Si l'on considère les protéines de l'œuf comme référence, la pomme de terre s'en rapproche en ce qui concerne les acides aminés essentiels, la lysine, la thréonine, le tryptophane, la valine, l'isoleucine, la leucine et la phénylalanine. Une ration de 300 g de pommes de terre couvre entre 40 et 50 % des besoins pour la plupart de ces substances indispensables.

Les éléments minéraux

On en recense près d'une vingtaine dont quinze présentent un intérêt nutritionnel théorique. Le potassium vient en tête avec 410 mg/100 g de produit frais, soit un taux supérieur à celui des bananes, d'où l'intérêt de la pomme de terre dans les régimes nécessitant un enrichissement en potassium, en particulier pour les sportifs. Le magnésium, avec 27 mg/100 g, n'est pas moins intéressant dans la mesure où une ration type de pommes de terre couvre près du quart des besoins quotidiens dans un contexte d'aliment «énergétique» mais peu calorique par rapport au chocolat et certains oléagineux. Le fer mérite d'être signalé : en quantité moindre (0,8 mg/100 g) par rapport aux lentilles (2 mg/100 g de produit cuit), il jouit toutefois d'une meilleure assimilation du fait de la présence de vitamine C dans le tubercule. Une ration est susceptible de couvrir environ 12 % des besoins quotidiens. Certains autres éléments minéraux à l'état de traces, mais susceptibles d'avoir un rôle de catalyseurs dans l'organisme, existent également : zinc, chrome, cuivre, manganèse, molybdène, nickel, cobalt, vanadium.

Les vitamines

Le tubercule contient des vitamines du groupe B, en particulier B1, B3 et B6, substances indispensables au bon fonctionnement cellulaire qui, bien que sensibles à la chaleur de cuisson, couvrent toutefois près de 20 % des besoins quotidiens en ces vitamines. Mais le grand titre de gloire de la pomme de terre, et ce qui fait son indéniable supériorité sur les autres sources de féculents, c'est son contenu en vitamine C. Après trois mois de stockage, la pomme de terre de conservation en contient encore près de 15 mg/ 100 g. Cette vitamine, célèbre pour ses propriétés antiscorbutiques, est également une vitamine dont l'action s'oppose au vieillissement et à l'usure de l'organisme. Elle est également sensible à la chaleur, mais ses pertes vont être surtout fonction du mode de préparation. Dans le cas le plus favorable, une ration couvre près de 40 % des besoins quotidiens estimés.

Les fibres

Elles sont constituées essentiellement de cellulose, d'hémicellulose, de pectine et de lignine. Comme toutes les fibres « naturelles » elles préviennent la constipation et diminuent les risques de voir apparaître certaines tumeurs des intestins. La pomme de terre en apporte environ 4 à 5 g pour une ration de 300 g, ce qui pourvoie déjà à 15 % des besoins quotidiens généralement estimés en fibres (20 à 25 % si la peau est consommée).

Les pommes de terre ne font pas grossir

Du fer, du magnésium, du potassium, des vitamines, surtout de la vitamine C, un peu de fibres, quelques protéines, en petite quantité mais de bonne valeur biologique, et enfin d'excellents glucides, carburant privilégié de l'effort, qu'ajouter à tout cela sinon que, par la qualité de ses constituants, la pomme de terre apparaît plus que jamais nécessaire à l'équilibre alimentaire. Elle correspond parfaitement aux besoins contemporains tels qu'ils se manifestent au travers d'une alimentation appauvrie en glucides complexes, en éléments minéraux et en vitamines naturelles. Mais il faut savoir que les divers modes de préparation sont susceptibles de modifier de façon significative sa valeur nutritionnelle. Tout épluchage avant cuisson est cause de pertes en vitamines et minéraux, d'abord parce qu'il favorise dans une certaine mesure leur migration partielle dans le milieu de cuisson (à l'eau, à l'autocuiseur ou au four) et surtout parce qu'il enlève une grande partie du cortex plus riche en ces éléments : la vitamine C (jusqu'à -30 %), de même le potassium, le magnésium et le fer. Par ailleurs, s'il est certain que la pomme de terre se marie très bien avec les corps gras et que les frites ont toujours beaucoup de succès, il faut savoir qu'aux inconvénients de l'épluchage s'ajoute l'inflation lipidique (19 g/100 g) et par conséquent une valeur calorique plus de 4 fois supérieure, environ 400 kcal/100 g (1 672 kj). Les «chips» atteignent 550 kcal/100 g (2 300 kj). Cela permet d'affirmer que ce ne sont pas les pommes de terre qui font grossir mais ce qu'on y rajoute. C'est donc en robe des champs que chacun peut profiter au mieux des remarquables qualités nutritionnelles du produit.

L'index glycémique

On le sait aujourd'hui, tous les féculents ne sont pas assimilés de la même façon, et bien qu'appelés sucres complexes ou encore «lents», certains peuvent être transformés plus vite que d'autres, avoir un index glycémique élevé et présenter moins d'intérêt pour des personnes ayant des problèmes de diabète. Or, en fait, si la purée de pommes de terre est effectivement plus vite absorbée et transformée en glucose que des pâtes ou du riz, elle le doit avant tout à sa forme liquide propice à une vidange gastrique rapide donc à une digestion également rapide. Mais heureusement la physiologie vient au secours des gourmets et des gourmands car le seul fait de rajouter des corps gras à la préparation, du beurre par exemple, ralentit le phénomène, et la purée de Joël devient presque... diététique.

LES VARIÉTÉS ET LEUR BON USAGE

La pomme de terre nommée savamment *solanum tuberosum Linné*, dite encore *morelle tubéreuse*, appartient à la famille des solanacées qui comporte plus de deux mille cinq cents espèces regroupées en une centaine de genres différents. Elle a pour cousines de redoutables sujets comme la douce-amère, la belladone, la mandragore, le datura, la jusquiame, le tabac, mais aussi des individus plus civilisés comme la tomate, le piment, l'aubergine, ou encore les jolis pétunias. À l'instar de la population humaine où se côtoient des grands, des petits, des blonds ou des bruns, elle existe en de nombreuses variétés qui sont autant d'individus différents bien qu'appartenant à la même espèce. Ces différences doivent peu au hasard et beaucoup à la main de l'homme. Ainsi, Monsieur De Vries, instituteur de son état, avait pour passion, au début de ce siècle, le croisement des variétés de pommes de terre entre elles avec le secret espoir d'obtenir une nouvelle variété plus robuste, meilleure au goût, en un mot différente... C'est ainsi qu'il créa en 1905 la Bintje, la pomme de terre actuellement la plus consommée dans le monde, qui devra son nom à l'une de ses élèves, ayant alors épuisé les noms de ses neuf filles au profit de ses créations précédentes. Pour ce faire, il avait comme à chaque fois prélevé le pollen d'une plante pour le déposer sur le pistil d'une autre. Il avait ensuite mis en terre les graines contenues dans les baies résultant de l'avortement des boutons floraux et entamé la sélection en ne retenant que les descendants les plus performants. Chaque graine est en effet une variété en puissance, que l'on fixe en recourant à la multiplication végétative, c'est-à-dire en utilisant le tubercule pour obtenir des individus semblables.

Il s'agit en fait d'un travail très long qui, au fil des années et d'éliminations en éliminations, peut conduire à une variété correspondant à des critères retenus, mais aussi échouer.

En 1730, le botaniste irlandais Rye faisait état de cinq variétés et à la fin du XVIIIe siècle, Parmentier en mentionnait une quarantaine. Lui-même préconisait de ne pas s'en tenir au plan mais de semer les graines. Il n'est pas interdit de penser que, bien avant lui, il avait déjà été procédé à des sélections. Mais cela requiert beaucoup de patience et de temps, car on considère aujourd'hui que statistiquement seul un hybride sur cent mille est susceptible de donner une variété présentant les caractéristiques souhaitées. Dix années sont généralement nécessaires à l'obtention d'une variété propre à être mise sur le marché.

Génétique et hérédité

À la fin du XIXe siècle, les travaux sur l'hérédité du moine botaniste autrichien Mendel, complétés ensuite par ceux du biologiste américain Thomas Hunt Morgan, allaient permettre d'envisager de recombiner plusieurs caractères souhaités sur un même hybride. Il était par ailleurs nécessaire d'augmenter le capital génétique disponible, limité à celui des quelques tubercules importés des Andes. Les hybridations se firent avec des espèces sauvages. Mais la difficulté fut d'apparier des variétés dont le nombre de chromosomes était différent. La plupart des espèces sauvages comportant 24 chromosomes répartis par paires, soit 2 fois 12, les variétés cultivées, 48, soit 4 fois 12, il fallait que, lors de la fusion de ces matériels pour donner un nouvel être, ces chromosomes trouvent tous à s'apparier. L'astuce fut de réduire de moitié le matériel d'une espèce cultivée en lui apportant le pollen d'une espèce sauvage particulière, *solanum phureja*. L'ovule n'est alors pas fécondé mais se divise tout de même, partageant en deux le matériel maternel qui ne comporte plus que 24 chromosomes. Ces hybrides sont toutefois très peu vigoureux et improductifs. Leur pollen est stérile. Il faut donc les hybrider avec d'autres espèces ayant de bons états de vigueur et de fertilité. Sitôt obtenu un individu convenable, le retour à l'état de 48 chromosomes, caractéristique des espèces cultivées et pour lequel la pomme de terre paraît mieux adaptée, est obtenu par divers procédés. Cet élargissement du pool génétique a permis la constitution de banques de gènes à l'usage des sélectionneurs, tant au Pérou, au Centre international de la pomme de terre, qu'aux États-Unis, en Europe ou en Russie. La France dispose d'une large collection à l'INRA de Landernau, plus de mille variétés sur les mille sept cents recensées en Europe et les quelque trois mille dans le monde entier.

Les variétés, pour quoi faire ?

Face aux nombreux périls qui menacent la pomme de terre en terre, parasites, insectes, champignons et virus, le premier souci du sélectionneur est d'obtenir des variétés insensibles à ces prédateurs, afin de maintenir à son optimum le rendement cultural. Dans le même ordre d'idée, la résistance aux chocs ou aux endommagements lors du transport ou du ramassage est un critère de choix, de même l'aptitude à la conservation. Plus encore, des variétés de forme régulière, ovoïde, lisse, sans creux ni aspérités, permettant un épluchage industriel rapide et sans pertes de substance est un objectif en matière de restauration collective. On peut aussi sélectionner des variétés à la croissance plus ou moins rapide, et obtenir alors des «primeurs» ou au contraire des pommes de terre d'arrière-saison. Enfin, pourquoi pas pour demain, des tubercules plus riches en protéines et en acides aminés essentiels?

Depuis plusieurs années également, l'accent est mis sur les qualités organoleptiques du produit en vue d'un goût plus conforme au souhait du dégustateur, d'une texture plus fine de la chair, d'une meilleure tenue à la cuisson, d'un aspect extérieur agréable au regard. En fait de goût, nul ne sait très bien le définir pour la pomme de terre et le sélectionneur s'attache surtout à créer des variétés pour lesquelles il ne saurait être ni sucré, ni amer, ni acide, ni salé.

Lors des dégustations qui sont effectuées à l'Institut technique de la pomme de terre à Saint-Rémy-l'Honoré le dégustateur à qui l'on présente des pommes vapeur doit porter ses appréciations sur des échelles allant du moins vers le plus. Ainsi la chair est-elle plus ou moins ferme, le grain plus ou moins fin...

Le produit miracle qui concilierait tous les intérêts n'existe sans doute pas, mais il est certain que le consommateur comme le nutritionniste n'ont pas à se plaindre d'une pomme de terre qui, grâce à la sélection variétale, possède aujourd'hui toutes les qualités pour plaire.

Les variétés du commerce

Sur les quelque trois mille variétés connues, un peu moins d'une centaine sont cultivées de façon habituelle en France et un peu plus d'une vingtaine régulièrement proposées aux étals. Bon nombre d'entre elles sont destinées tant à l'industrie féculière qu'à celle des produits conditionnés, sous-vide ou surgelés, frites, chips, ou encore pré-épluchés. Leur présence sur les marchés dépend en outre des années selon que les récoltes des variétés sont bonnes ou mauvaises, ainsi que de l'époque de l'année, avant l'été pour les primeurs et les variétés hâtives ou précoces, puis durant l'automne et tout l'hiver pour les variétés demi-précoces ou tardives. Elles sont de plus en plus proposées en fonction de leur destination culinaire. Ainsi les variétés dites «à chair ferme», contenant moins de 20 % de matière sèche et ayant une excellente tenue à la cuisson, conviendront parfaitement à la préparation des pommes vapeur, ou rissolées... Les variétés dites de «consommation courante», plus riches en matière sèche, feront d'excellentes frites ou encore de merveilleuses purées.

Les chairs fermes

La Belle de Fontenay et la Ratte, chairs fermes par excellence, tant en canapés, en robe des champs, en gratin, en ragoût, que rissolées feront les délices des gourmets. La Charlotte, la BF 15, la Roseval, autres chairs fermes, bonnes à la vapeur, rissolées ou en ragoût, feront aussi de savoureuses salades. La Nicola, encore une chair ferme mais un peu plus riche en matière sèche, conviendra très bien à un potage ou encore à une cuisson au four, mais également la Pompadour ou la Viola.

Les consommations courantes

La Bintje, pomme de terre de consommation dite «courante», régalera ceux qui préfèrent la purée, ou encore les frites, tout autant que les amateurs de potages ou de cuisson au four. Citons aussi la Claudia, la Ker Pondy ou encore la Désirée.

Les primeurs

Les pommes de terre nouvelles ou primeurs (dès lors qu'elles sont mises sur le marché avant le 31 juillet de l'année en cours) ont été longtemps des tubercules récoltés avant maturité afin d'être commercialisés au printemps. Il existe désormais des variétés à temps de maturation précoce qui, plantées en février, peuvent être récoltées deux mois et demi après et correspondre à la dénomination primeur. La Sirtema en est l'illustration. Les variétés commercialisées par contre au cours du premier trimestre proviennent en général du Maroc. Ces pommes de terre ne se conservent pas et doivent être consommées rapidement. Elles ne sauraient faire de bonnes frites, ni de gratin ou de purée. Il convient de les consommer à la vapeur ou sautées, et de les apprécier pour ce qui fait leur charme, la précocité, la nouveauté...

Le terroir

Il en est de la pomme de terre comme de la vigne et du cépage. Au-delà de la variété et de l'utilisation standard qui lui est attachée, existe la notion de terroir. Le sol fait beaucoup. Il fait même tant, qu'une variété n'aura pas tout à fait le même goût ou la même tenue à la cuisson selon qu'elle sera récoltée à Montdidier, Noirmoutier ou Lyon. Le terrain sablonneux et le goémon de l'île donnent à la Bonnette une saveur particulière. Ailleurs, oligo-éléments du sol, humidité propre à l'Orléanais, font de la Belle de Fontenay une reine qui devient autre sortie de son terroir. La Ratte du Touquet a ses disciples convaincus, la Ratte de Lyon ou Quenelle a ses inconditionnels. L'amateur éclairé, le gastronome, le chef, ont souvent leur récoltant dont la production limitée et «réservée» est garante d'une saveur ou d'un «grain» particulier. Joël Robuchon le sait bien, lui qui emploie la Ratte pour réaliser son inimitable purée! Ainsi, par la magie du sol et l'attention de l'homme, une chair ferme peut se prêter avec bonheur à des préparations réservées à des variétés plus riches en matière sèche.

LES RECETTES

LES POTAGES

POTAGE PARISIEN

L a soupe cuite au pot – d'où viennent potage, potée et même potion – était le plat unique qui mijotait sur le feu. Plus tard, il y eut le potage, plus bourgeois, servi en guise d'entrée au dîner, puis le consommé subtil pour préparer le palais au repas.

Le potage parisien est le plus populaire de nos potages, le potage symbole, le potage culturel inscrit dans toutes les familles de France. Il a pour origine l'Ile-de-France réputée pour ses productions maraîchères dans une terre arable, légère où le légume est roi.

POUR 6 À 8 PERSONNES

750 g de pommes de terre	les poireaux et l'oignon
(BF 15 ou Ratte)	80 g de beurre ou équivalent
6 blancs de poireaux	en crème double
1 petit oignon	150 g de gruyère râpé
2 l de bouillon de volaille	18 rondelles de baguette
100 g de beurre pour faire suer	sel de mer, poivre

1. Nettoyez, parez et émincez finement les blancs de poireaux. Pelez et hachez finement l'oignon. Lavez et épluchez les pommes de terre d'une variété qui tient la cuisson, genre BF 15 ou Ratte ; taillez-les en minces triangles de 2 ou 3 mm d'épaisseur.

2. Dans une sauteuse, faites suer au beurre, lentement et à couvert, les blancs de poireaux et le petit oignon haché fin de manière à obtenir le maximum des arômes dans le beurre. Évitez toute coloration. Mouillez avec le bouillon.

3. Démarrez en cuisson lente et ajoutez les pommes de terre au bout de 10 minutes. Salez et poivrez. Laissez cuire 15 minutes.

4. Faites sécher les minces rondelles de baguette de pain à l'entrée du four.

5. Quand les pommes de terre sont cuites, vérifiez l'assaisonnement. Mettez une note finale avec le beurre, ou l'équivalent de crème double, en l'ajoutant dans le potage au dernier moment. Quelquefois aussi, pour la gourmandise, les deux ensemble : 40 g de beurre et 40 g de crème.

6. Servez le potage bien chaud. Accompagnez-le obligatoirement des rondelles de baguette et du gruyère râpé, servis à part.

Ce qui avantage le potage parisien et lui donne un air de fête, c'est l'ajout, au départ de la cuisson, de quelques ailerons de volaille bien parés.

Le potage parisien est le modèle de tous les potages taillés qui sont des

potages non mixés ou non passés au moulin à légumes. Les légumes qui entrent dans leur préparation sont taillés en très petits morceaux réguliers (minces triangles ou dés dans certains cas). Ils présentent plusieurs avantages : ils cuisent plus régulièrement et dégagent davantage de saveur que des morceaux irréguliers. En outre, lorsque vous dégustez, vous associez en une cuillerée plusieurs légumes différents avec le bouillon, ce qui donne à cette bouchée bien plus de saveur.

POTAGE CRESSONNIÈRE

L e lait concentré nature rend ce potage particulièrement délicieux et lui procure une onctuosité remarquable.

POUR 4 À 6 PERSONNES

500 g de pommes de terre	500 g de cresson + quelques belles
(Bintje ou Eersteling)	feuilles pour le dressage
150 g de beurre	1,5 l de bouillon de volaille
1 petit oignon	1/4 l de lait concentré nature
	gros sel de mer, poivre

 un moulin à légumes – un mixeur

1. Pelez et hachez l'oignon très fin. Épluchez et lavez les feuilles
bien vertes de cresson ; laissez des tiges très courtes. Épluchez,
lavez et coupez en quartiers les pommes de terre.

2. Dans une grande casserole, faites fondre le beurre, puis faites
suer, lentement à couvert, l'oignon haché fin et les feuilles de
cresson pendant 5 minutes. Évitez toute coloration. Mouillez avec
le bouillon de volaille. Ajoutez les pommes de terre. Salez et
poivrez légèrement. Laissez cuire 30 minutes.

3. Après la cuisson, passez le potage au moulin à légumes.
Ajoutez le lait concentré nature. Mixez pour parfaire le velouté du
potage et l'alléger. Vérifiez l'assaisonnement.

4. Garnissez, avant de verser dans la soupière, des feuilles de
cresson cru qui pocheront jusqu'au moment de servir.

*Vous pouvez réaliser d'autres potages en remplaçant le cresson par de
l'oseille, des fanes de radis, de la salade et les accompagner de minces
tranches de baguette de pain séchées à l'entrée du four.*
*Le mixeur électrique est un ustensile très utile qui devrait faire partie de
toutes les batteries de cuisine. Choisissez un mixeur électrique batteur
à main avec un long manche muni d'une lame rotative à l'extrémité
qui sert à fouetter, à mélanger, à réduire en purée ou en liquide. Vous
plongez ainsi votre mixeur directement dans le récipient de cuisson sans
avoir besoin de verser la préparation dans un bol mélangeur, puis de
verser à nouveau dans la casserole. C'est un ustensile simple, presque
magique qui émulsionne les potages, sans faire d'éclaboussure, et évite
de multiplier les accessoires.*

POTAGE AUX HERBES

L a touche de beurre frais et de crème fraîche, mise au moment
de servir, rend particulièrement délicieux ce potage et lui
donne de l'onctuosité.

POUR 6 À 8 PERSONNES

1 kg de pommes de terre	8 petites feuilles de basilic
(Bintje ou Eersteling)	1 c. à soupe de pluches de cerfeuil
1 oignon moyen	1 concombre et demi
150 g de feuilles d'oseille	1,5 l d'eau
100 g de feuilles d'épinard	20 g de sel
75 g de feuilles de céleri	100 g de beurre + 100 g pour
75 g de feuilles de cresson	faire suer les légumes
75 g de cerfeuil	3 c. à soupe de crème fraîche
75 g de feuilles de persil plat	gros sel de mer, poivre

 un moulin à légumes – un mixeur

1. Pelez et ciselez l'oignon finement. Épluchez et lavez toutes les
feuilles de légumes : oseille, épinard, céleri, cresson, cerfeuil,
persil plat. Passez le basilic et les pluches de cerfeuil sous l'eau
claire.

2. Pelez et épépinez le concombre et demi, coupez-le en cubes.
Épluchez, lavez et coupez en quartiers les pommes de terre.

3. Mettez, sans faire fondre, 100 g de beurre dans une casserole.
Ajoutez les feuilles d'oseille, d'épinard, de céleri, de cresson, de
cerfeuil, de persil plat, le concombre et faites suer lentement à
couvert, pendant 5 minutes. Évitez toute coloration.

4. Mouillez ensuite avec l'eau, assaisonnez de sel. Ajoutez les
pommes de terre. Laissez cuire 25 minutes.

5. Après la cuisson, passez le potage au moulin à légumes,
finissez au mixeur électrique.

6. Terminez le potage en ajoutant 150 g de beurre distribué en
noisettes, ainsi que la crème fraîche. Vérifiez l'assaisonnement,
relevez d'un peu de poivre du moulin et mixez avant de servir.

7. Garnissez la soupière des feuilles de basilic et des pluches de
cerfeuil. Servez bien chaud.

*Le goût juste d'un potage est exalté pour les légumes frais (excepté la
pomme de terre) en les faisant suer, c'est-à-dire en les faisant revenir
dans une casserole, sans coloration, en mettant simultanément, à froid,
le beurre frais, les légumes, une pincée de sel et en chauffant doucement. Les légumes transmettent alors tout leur parfum. Mais attention,*

le potage prendra mauvais goût si les légumes colorent ou, pire, s'ils brûlent.

Comme tout potage de légumes, son principal intérêt est d'apporter à la ration alimentaire les indispensables éléments minéraux et, bien sûr, de l'eau pour tous ceux ou celles qui n'en boivent pas assez... De plus, l'ensemble pommes de terre, herbes, beurre et crème fraîche fait à lui seul un dîner presque idéal auquel ne manque qu'un laitage et un fruit. Un repas du soir simple, suffisant, sans être ni frugal ni lourd.

POTAGE JULIENNE DARBLAY

C'est le potage classique et de référence inscrit au programme du C.A.P. et du B.E.P. qui sanctionne une fin d'apprentissage du métier de cuisinier. Les examinateurs s'intéressent autant à la qualité du potage Parmentier, à sa mise au point, qu'à la julienne qui compose sa garniture.

POUR 4 À 6 PERSONNES

75 g de blancs de poireaux	*4 blancs de poireaux*
100 g de carottes	*1 petit oignon*
75 g de navets	*300 g de beurre*
1 branche de céleri	*1,5 l de bouillon reconstitué avec*
150 g de beurre	*des cubes de volaille*
1 pincée de sucre	*1/4 l de crème ou de lait*
1 c. à soupe de pluches de cerfeuil	*concentré nature*
sel de mer, poivre	*80 g de croûtons de pain de mie*
Pour le potage Parmentier :	*1 c. à soupe de pluches de cerfeuil*
1 kg de pommes de terre	*sel de mer, poivre*
(Bintje ou Eersteling)	

 un moulin à légumes – un mixeur

1. Préparez une base de *Potage Parmentier* (voir page 48) avec les mêmes proportions. Après cuisson, passez le potage au moulin à légumes.

2. Faites bouillir dans une casserole la crème ou le lait concentré. Ajoutez-le bouillant au potage. Mixez-le puis gardez-le en attente au chaud.

3. Lavez et pelez les légumes (blancs de poireaux, carottes, navets et céleri). Taillez finement, régulièrement et en julienne courte, de 4 à 5 cm environ, tous les légumes.

4. Mettez, sans faire fondre, 100 g de beurre dans une sauteuse. Ajoutez la julienne de légumes. Salez, poivrez et ajoutez une bonne pincée de sucre. Le sucre a pour but de supprimer en partie l'âcreté des légumes.

5. Mélangez à l'aide d'une fourchette, laissez suer à couvert à feu doux. Remuez la julienne en cours de cuisson, de 30 minutes environ. Évitez toute coloration.

6. Incorporez cette julienne au potage Parmentier. Rectifiez l'assaisonnement et beurrez avec le reste de beurre.

7. Dans la soupière, parsemez également des pluches de cerfeuil.

Accompagnez le potage des croûtons de pain de mie (préparés comme pour le *Potage Parmentier*).

J'aime agrémenter la julienne de légumes de 3 cuillerées à soupe de Porto en fin de cuisson, avant de l'incorporer au potage Parmentier.

Plus riche que le potage aux herbes, il contribue également, outre les éléments minéraux, à apporter des fibres à l'organisme. Sa base, le *Potage Parmentier*, évoque le nom de celui qui fut sans doute le premier grand nutritionniste moderne mais dont la recette, que l'on trouve dans ses écrits, était plus simple : «[...] pour faire une bonne soupe, il suffit de délayer la pulpe dans du bouillon gras ou maigre et de saler [...]».

SOUPE POIREAUX
POMMES DE TERRE
À LA MARAÎCHÈRE

Ah, la soupe fumante qui embaume la cuisine! Pour moi, la soupe chaude sur la table rassemble de multiples symboles : c'est la famille réunie, l'enfance retrouvée, le plat qu'il fallait toujours finir «si l'on voulait grandir»...

POUR 6 À 8 PERSONNES

60 g de vermicelles	5 blancs de poireaux
50 g de feuilles mélangées : laitue,	1 petit oignon
oseille et épinard	2 l de bouillon de volaille
2 c. à soupe de pluches de cerfeuil	75 g de beurre ou équivalent en
Pour le potage parisien :	crème double
600 g de pommes de terre	sel de mer, poivre
(BF 15 ou Ratte)	

1. Préparez un *Potage parisien* (voir page 38), en diminuant toutefois un peu l'apport de poireaux et de pommes de terre.

2. Lavez les feuilles de laitue, d'oseille et d'épinard. Équeutez-les parfaitement et ciselez-les en chiffonnade. Passez les pluches de cerfeuil sous l'eau claire.

3. Vingt minutes avant de servir, mettez à pocher dans le potage parisien le vermicelle et ajoutez les feuilles de laitue, d'oseille et d'épinard.

4. Servez en complétant abondamment de pluches de cerfeuil.

Populaire, rustique, la soupe est souvent garnie d'éléments «solides» : légumes frais ou secs, morceaux de viande, de lard, de poisson ou de crustacés, de pâtes ou de vermicelles et de tranches de pain, alors obligatoirement au levain pour ne pas se désagréger.

POTAGE PARMENTIER

B ase classique pour beaucoup de potages de légumes frais, pouvant recevoir différentes garnitures (tapioca ou brunoise et julienne de légumes ou oseille, etc.) qui en modifient l'appellation. L'un des meilleurs du répertoire de la cuisine française, un véritable mets d'anthologie.

POUR 4 À 6 PERSONNES

1 kg de pommes de terre	*80 g de croutons de pain de mie*
(Bintje ou Eersteling)	*1/4 l de crème ou 1/4 l de lait*
4 blancs de poireaux	*concentré nature*
1 petit oignon	*1 c. à soupe de pluches de cerfeuil*
300 g de beurre	*gros sel de mer, poivre*
1,5 l de bouillon de volaille	

 un moulin à légumes – un mixeur

1. Lavez soigneusement les blancs de poireaux. Pelez l'oignon. Émincez finement les blancs de poireaux et l'oignon. Lavez, épluchez et coupez les pommes de terre en quartiers. Lavez les pluches de cerfeuil et mettez-les en réserve jusqu'au dressage.

2. Dans une casserole, mettez 150 g beurre et faites fondre à couvert les blancs de poireaux et l'oignon pendant 10 minutes. Ajoutez les pommes de terre. Mouillez avec le bouillon de volaille. Salez et poivrez légèrement. Laissez cuire 25 minutes.

3. Faites frire les croutons de pain taillés en carrés de 1 cm environ dans 50 g de beurre et conservez-les au chaud.

4. Après cuisson, passez le potage au moulin à légumes.

5. Faites bouillir, dans une casserole, la crème ou le lait concentré nature. Versez-les bouillants au potage, ajoutez le beurre restant, puis mixez-le pour parfaire la finesse de la liaison. Vérifiez l'assaisonnement.

6. Au moment de servir, versez le potage dans la soupière et parsemez-le de pluches de cerfeuil. Servez à part les petits croûtons de pain frits.

Selon la saison, ce potage peut être préparé avec d'autres légumes frais : carottes, navets, petits pois, etc. Sur la même base, on peut confectionner des potages avec des légumes secs : lentilles, pois cassés, haricots blancs. Mais ne faites jamais tremper les lentilles ou les pois cassés, comme le voudrait une idée reçue tenace, ils risqueraient de fermenter et de prendre un goût amer. Il suffit de les blanchir à l'eau froide après les avoir lavés : on les porte à ébullition, on les rafraîchit à l'eau froide, on les égoutte et on les remet dans une casserole.

POTAGE SANTÉ

Qu'est-ce qu'un bon potage? C'est comme une infusion ou une tisane. Trop fort, il n'est pas bon, il est corsé et âcre. Pas assez mis en goût, il est fade et insipide. Il doit être cuit juste ce qu'il faut, ni trop, ni pas assez. Trop souvent, le potage s'éternise sur le feu à la manière d'une décoction, d'où le goût puissant et désagréable.

POUR 6 À 8 PERSONNES

100 g de feuilles d'oseille	1 petit oignon
100 g de feuilles de laitue	250 g de beurre
225 g de beurre	1,5 l de bouillon de volaille
	1/4 l de crème ou de lait concentré
Pour le potage Parmentier :	nature
1 kg de pommes de terre	1 c. à soupe de pluches de cerfeuil
(Bintje ou Eersteling)	24 fines rondelles de baguette de pain
4 blancs de poireaux	sel de mer, poivre

⌣ un moulin à légumes – un mixeur ⌣

1. Préparez un *Potage Parmentier* (voir page 48), avec les mêmes quantités. Mixez-le, puis gardez-le en attente au chaud.

2. Lavez l'oseille et la laitue. Ciselez finement la valeur de 100 g de feuilles de chaque.

3. À part, faites fondre en casserole, sur feu doux, les feuilles d'oseille et de laitue dans 100 g de beurre.

4. Faites sécher les rondelles de baguette à l'entrée du four.

5. Quand tous les légumes sont fondus, après environ 7 minutes de cuisson, ajoutez le tout au potage Parmentier en le maintenant assez clair. Si nécessaire, allongez-le avec un peu de lait. Beurrez le potage avec le beurre restant pour compléter la liaison. Vérifiez l'assaisonnement.

6. Garnissez la soupière, au dernier moment, des pluches de cerfeuil. Servez à part les rondelles de baguette.

Le potage, pour être savoureux, exige du beurre frais au dernier moment mais ensuite, il ne doit plus bouillir pour conserver la saveur délicate du beurre.

LES SALADES

LES SALADES
DE POMMES DE TERRE

Pour préparer et accommoder les salades de pommes de terre, des plus simples aux plus raffinées, il faut nécessairement choisir des tubercules à chair jaune, ferme et fine. Les variétés pour cela ne manquent pas sur le marché. Néanmoins, il ne faut pas oublier les caprices du temps qui font les bonnes années à pommes de terre ou ne les font pas.

La cuisson en peau, «en robe des champs», à l'eau salée, est l'opération classique pour ces préparations. Il faut veiller à ne jamais surcuire ce légume et à pratiquer un égouttage immédiat après cuisson.

Choisissez vos pommes de terre parmi les *Belle de Fontenay, BF 15, Charlotte, Ratte, Rosa* ou *Eersteling*, à chairs très fines quoiqu'un peu farineuses. Mais il existe bien d'autres variétés intéressantes pour leur saveur ainsi que pour leur bonne tenue à la cuisson. Il faut bien le reconnaître, chaque région de France, chaque province a ses standards, ses préférences, puisque sont encore cultivées d'anciennes variétés de nos grand-mères telles la *Jaune longue de Hollande*, la *Saucisse*, la *Shaw*, l'*Early rose*, la *Pomme noire* populairement appelée l'*Africaine*, etc. Chacune de ces variétés est présente dans les traditions culinaires régionales. Le terroir joue également un rôle important. La région d'origine influe de ce fait sur les espèces les mieux adaptées au cru. Car il y a cru également pour ce légume-tubercule.

Terroir-cru, c'est le cas des productions des zones littorales bretonnes, dont la réputation n'est plus à faire et de celles, un tantinet confidentielles, cultivées dans les petites terres légères et sableuses, amendées de compost organique, mélange fermenté du type goémon ou algues d'échouage, produisant les meilleures pommes de terre du monde, là où la *Bintje* prend des allures de star et peut rivaliser de saveur avec la fameuse *Bonnette de Noirmoutier*, répandue aussi sur nos îles de l'Atlantique et du Finistère.

Mais n'allons pas trop loin dans cette recherche des saveurs, quand il s'agit d'un produit largement popularisé. Car on n'oserait ajouter le climat particulier de la Bretagne, l'air marin nourricier, enfin le généreux passage du Gulf Stream.

SALADE
DE POMMES DE TERRE
À LA PARISIENNE

B ien faite, bien accommodée, dans la série des hors-d'œuvre
nature, la salade de pommes de terre est toujours convain-
cante. Elle a le mérite d'être une garniture d'accompagnement
obligée pour les filets de hareng, du bœuf bouilli, ou des restes
de pot-au-feu, de la volaille froide, quelquefois du poisson froid,
et du saucisson chaud lyonnais appelé aussi cervelas pistaché.

POUR 6 À 8 PERSONNES

1 kg de pommes de terre   *1 c. à soupe de vinaigre de vin*
(Belle de Fontenay, Charlotte)   *3 c. à soupe d'un mélange de persil,*
25 cl de vin blanc   *cerfeuil, ciboule, civette,*
(muscadet ou chablis)   *estragon, oignons*
Pour la vinaigrette :   *2 g d'échalotes grises*
3 c. à soupe d'huile (arachide)   *sel de mer, poivre*

1. Choisissez des pommes de terre plutôt petites, oblongues et
assez bien calibrées. Lavez-les soigneusement, mettez-les en casserole sans les éplucher. Couvrez-les d'eau froide, salez au gros
sel et faites-les cuire 30 minutes.

2. Vérifiez la cuisson des pommes de terre en les piquant avec la
lame d'un couteau pointu et égouttez-les bien. Dès que vous
pouvez les tenir en main, épluchez-les. Éliminez les extrémités au
couteau et coupez-les dans un saladier en tranches de 3 à 4 mm.
Aspergez-les du vin blanc et mélangez-les soigneusement pour
faciliter l'absorption du vin. Couvrez et mettez en attente au tiède.

3. Préparez une vinaigrette classique pour faire 10 cl de sauce :
dans un bol, mettez le sel fin et le poivre, ajoutez le vinaigre et
mélangez jusqu'à dissolution du sel. Ajoutez l'huile, plutôt neutre
comme l'arachide, et fouettez le mélange pour l'homogénéiser.

4. Pelez et épluchez les oignons et les échalotes. Émincez-les
finement. Lavez, essorez et hachez les fines herbes.

5. Au dernier moment, incorporez la vinaigrette aux pommes de
terre encore tièdes et mélangez bien. Puis poudrez de la verdure
hachée. Complétez avec les oignons et échalotes émincés suivant
le goût de chacun. Goûtez et rectifiez l'assaisonnement en ajoutant, au besoin, un peu de vinaigre dont ce hors-d'œuvre a besoin
pour échapper à la banalité. N'oubliez pas que la salade de
pommes de terre est gourmande de sauce vinaigrette. Servez.
Cette salade est meilleure consommée tiède. Rien n'empêche de

la réchauffer au micro-ondes ou bien au bain-marie (pendant 5 minutes).

Et puis il y a mille idées laissées à l'imagination de chacun pour diversifier cette simple composition. Voici quelques exemples : coupez les pommes de terre différemment, en 2 ou en 4, avant de les émincer ; en cubes moyens de 1 cm ou en brunoise, de 4 à 5 mm ; accommodez la salade à l'huile d'olive fruitée ou bien moitié olive moitié huile neutre ; ajoutez une touche d'huile de noix, de colza grillé, de noisette, ou de soja ; mettez un peu de moutarde dans la vinaigrette ; utilisez soit un vinaigre de vin blanc, soit un vinaigre de cidre, de Xérès, ou balsamique ; complétez la salade d'olives noires et vertes dénoyautées, de câpres, de filets d'anchois, de quartiers d'œufs durs, etc., sans oublier les herbes aromatiques hachées, incorporées à bonne dose pour faire bon et champêtre.

SALADE ATHÉNA

C e hors-d'œuvre exotique, aux goûts venus d'ailleurs, est très plaisant à consommer avec du pain grillé.

POUR 4 À 6 PERSONNES

---

300 g de pommes de terre « olivettes »	*1 g de safran*
(Charlotte ou Ratte)	*le jus d'un citron*
Pour le bouillon :	*1 c. à café de sucre en poudre*
1 oignon moyen	*sel de mer*
2 gousses d'ail	***Pour les olives macérées :***
1/2 branche de céleri	*200 g d'olives vertes dénoyautées*
quelques tiges de persil	*200 g d'olives noires à l'huile*
quelques brins d'aneth	*dénoyautées et égouttées*
1 balai de thym	*1 gousse d'ail*
2 feuilles de laurier	*4 c. de persil plat haché*
1 c. à soupe de graines de coriandre	*1 c. à soupe de paprika rose*
6 clous de girofle	*1 c. à café de cumin ou carvi*
2 piments oiseaux	*le jus d'un citron*
1 c. à café de cumin ou carvi	*4 c. à soupe d'huile d'olive*
1 c. à café de poivre noir en grains	*poivre de Cayenne*
25 cl d'eau	*poivre*
10 cl d'huile d'olive	

1. Préparez les olives macérées : faites blanchir les olives vertes en les plongeant quelques instants dans de l'eau bouillante. Mélangez-les aux olives noires à l'huile. Pelez et écrasez finement la gousse d'ail.

2. Ajoutez aux olives mélangées le paprika rose, le cumin ou carvi, la gousse d'ail, le jus de citron, l'huile d'olive, le persil plat haché, le poivre de Cayenne. Ne salez pas, les olives contiennent suffisamment de sel. Mélangez la composition dans une terrine et laissez macérer 2 heures minimum.

3. Préparez les pommes de terre tournées en olivettes, dites « pommes cocotte », dans des variétés à chair ferme, type Charlotte par exemple. Cela doit faire 36 pièces environ. Vous pouvez prendre de toutes petites pommes Ratte pour en faire la même quantité. Maintenez-les dans l'eau fraîche.

4. Préparez les ingrédients pour le bouillon. Épluchez l'oignon et passez-le sous l'eau claire. Coupez-le dans le sens de la verticale en 6 quartiers. Épluchez les gousses d'ail et coupez chaque gousse en 2. Lavez la demi-branche de céleri en enlevant les feuilles abîmées. Lavez et épongez le persil et l'aneth sur un linge ou du papier absorbant.

5. Préparez le bouquet garni en liant avec de la ficelle de cuisine la branche de céleri, le thym, le laurier, le persil et l'aneth. Faites un nouet avec une compresse de gaze et placez-y les graines de coriandre, les clous de girofle, les piments oiseaux de Cayenne, le cumin ou carvi, le poivre noir et les gousses d'ail.

6. En casserole, mettez à cuire un bouillon, à la note aromatique dite «à la grecque» ou «à la barigoule». Versez l'eau mélangée à l'huile. Plongez dans le bouillon le bouquet garni, le nouet d'aromates et l'oignon coupé ; ajoutez le safran et salez à discrétion. Couvrez la casserole et portez à ébullition. Laissez cuire en émulsion 20 minutes.

7. Égouttez les pommes de terre et plongez-les dans le bouillon. Couvrez et laissez cuire 15 minutes à petite ébullition.

8. Arrêtez la cuisson quand les pommes sont cuites. Versez le jus de citron et le sucre dans l'eau de cuisson. Sortez le bouquet garni et le nouet. Goûtez le bouillon et rectifiez l'assaisonnement si nécessaire. Versez les pommes de terre et le bouillon dans un saladier et mettez à refroidir.

9. Mélangez soigneusement les olives macérées avec les pommes de terre à peine égouttées. Servez bien rafraîchi.

UN MINERVOIS BLANC
SERVI BIEN FRAIS

La pomme cocotte est une pomme «tournée» de forme olivette régulière de 4 à 5 cm de long.

Épluchez et lavez les pommes de terre de 5 à 7 cm de longueur. Éliminez les deux extrémités. Coupez chaque pomme dans la longueur suivant sa grosseur en 2, 3 ou 4, de la taille approximative d'un pouce.

Maintenez le morceau de pomme du bout des doigts entre le pouce droit et l'index gauche. Ces 2 doigts servent de pivot. Le couteau d'office est maintenu par les 4 doigts de la main droite. Partez avec le couteau du sommet du morceau de pomme. Donnez un léger mouvement circulaire au couteau vers le pouce droit, pour obtenir une forme un peu arrondie.

Tournez légèrement la pomme lorsque le couteau revient au sommet.

Répétez les mêmes opérations pour «tourner» la pomme et lui donner ainsi une forme ovale à 7 côtes.

Pour obtenir des pommes bien régulières, les mouvements du couteau et des pommes doivent être synchronisés.

Remarque : les parures des pommes peuvent servir pour un potage passé.

SALADE CAENNAISE

C ette salade accompagne à merveille du poisson cru mariné, du poisson fumé ou même du poisson poché tel que le merlan ou le cabillaud.

POUR 6 À 8 PERSONNES

1 kg de pommes de terre	*1 c. à café de moutarde*
(Belle de Fontenay, Charlotte)	*30 cl d'huile*
25 cl de cidre brut	*poivre de Cayenne*
2 pommes (type Granny Smith)	*1 c. à café de Calvados*
le jus d'1 citron	*125 g de crème fraîche liquide*
quelques feuilles d'oseille	*le jus d'1/2 citron*
paprika	*1 c. à café de sucre en poudre*
Pour la mayonnaise crémée :	*sel de mer, poivre*
2 jaunes d'œufs	

1. Faites cuire les pommes de terre comme pour la salade ordinaire (voir *Salade de pommes de terre à la parisienne*, page 56) et préparez-les de même mais en remplaçant le vin blanc par la même quantité de cidre brut. Laissez-les refroidir.

2. Choisissez les pommes «fruits» genre Granny Smith, légèrement acides ou cueillies avant mûrissement complet – quand c'est possible, c'est mieux –, en ayant en mémoire l'arôme du verjus, idéal pour acidifier.

3. Épluchez les pommes, coupez-les en 2 pour éliminer les capsules à pépins, puis coupez-les en 6 quartiers. Émincez-les finement par le travers et citronnez-les avec le jus de citron.

4. Faites la sauce mayonnaise : mélangez les jaunes d'œufs à la moutarde. Salez, poivrez. Petit à petit, en tournant toujours dans le même sens, ajoutez l'huile jusqu'à ce que l'émulsion soit bien homogène et détendez-la avec du calvados. Ajoutez alors, en fouettant, la crème fraîche, le jus de citron et le sucre. Relevez d'une pointe de poivre de Cayenne.

5. Mélangez dans un saladier avec les pommes «fruits» et les pommes de terre. Salez et poivrez. Incorporez la sauce mayonnaise crémée et mélangez délicatement.

6. Lavez et équeutez les feuilles d'oseille. Séchez-les sur un linge ou du papier absorbant. Superposez-les, roulez-les en cigare et ciselez-les finement.

7. Dressez la salade caennaise en saladier ou répartissez-la sur des assiettes et saupoudrez de paprika. Ornez ensuite en disposant les feuilles d'oseille hachées sur la salade. Servez.

UN MUSCAT SEC D'ALSACE
TRÈS AROMATIQUE

Le verjus est le suc acide de petits raisins cueillis verts, récoltés après les vendanges, privés de soleil et qui ne mûrissent jamais.

La cuisson de la pomme de terre dans sa peau et à l'eau, selon la recette de la *Salade de pommes de terre à la parisienne* (voir page 56), permet de lui conserver toutes ses vitamines, en particulier la **vitamine C**, qu'elle est seule à renfermer parmi les autres sources de féculents, le riz, les pâtes, les légumineuses... La préparation caennaise augmente ce capital vitaminique par l'adjonction de jus de citron et de pommes Granny Smith.

SALADE CARMÉLITE

L a salade carmélite est un hors-d'œuvre idéal pour accompagner du poisson froid, des œufs mollets, etc.

POUR 6 À 8 PERSONNES

1 kg de pommes de terre	*le jus d'un citron*
(Belle de Fontenay, Charlotte)	*2 jaunes d'œufs*
20 cl de vin blanc	*30 cl d'huile*
2 c. à café de rhum	*3 c. à soupe de crème fraîche liquide*
1 c. à café de sucre en poudre	*2 avocats mûrs*
2 tomates fermes	*1 c. à café de curry en poudre*
1/2 salade frisée	*poivre de Cayenne*
2 c. à soupe de civette ou ciboulette	*sel de mer*
Pour la sauce carmélite :	*poivre*
1 c. à café de moutarde	

1. Faites cuire les pommes de terre comme pour la salade ordinaire (voir *Salade de pommes de terre à la parisienne*, page 56). Pelez et ôtez les yeux. Coupez les pommes de terre en demi-tranches.

2. Mélangez le vin blanc, le rhum et le sucre et aspergez les pommes de terre avec ce mélange. Remuez à l'aide d'une cuiller en bois pour bien répartir. Mettez en attente.

3. Préparez la sauce carmélite : mélangez la moutarde à la moitié du jus de citron et ajoutez les jaunes d'œufs. Salez, poivrez. Petit à petit, en tournant toujours dans le même sens, ajoutez l'huile jusqu'à ce que l'émulsion soit bien homogène. Détendez avec la crème liquide.

4. Coupez les avocats en 2, retirez les noyaux et la pulpe à l'aide d'une cuiller. Dans une assiette creuse, malaxez la pulpe à la fourchette et mélangez avec le reste du jus de citron pour la réduire en pâte lisse. Salez et poivrez. Ajoutez le curry. Mélangez bien le tout et incorporez la pulpe d'avocat à la mayonnaise. Vérifiez l'assaisonnement, qui doit être bien relevé. Au besoin agrémentez-le d'une pointe de poivre de Cayenne.

5. Mondez, épépinez et coupez les tomates en petits cubes. Lavez et épluchez la salade frisée. Lavez et ciselez la civette ou la ciboulette.

6. Mélangez la sauce carmélite aux pommes de terre. Ajoutez la chair des tomates. Complétez avec la civette ou la ciboulette ciselées. Pour dresser, disposez les feuilles de frisée dans les assiettes et répartissez les pommes de terre par-dessus.

UN CHINON BLANC

SALADE CRESSONNIÈRE

POUR 4 À 6 PERSONNES

500 g de pommes de terre	*estragon, ciboulette*
(Belle de Fontenay, Charlotte)	*1 botte de cresson de fontaine*
10 cl de vin blanc	*sel de mer, poivre*
3 œufs	***Pour la vinaigrette :***
1 oignon moyen	*2 c. à soupe de vinaigre de vin*
3 c. à soupe de fines herbes	*6 c. à soupe d'huile*
mélangées : persil, cerfeuil,	*sel de mer, poivre*

1. Mettez les pommes de terre en casserole en les couvrant d'eau froide salée. Faites-les cuire pendant 30 minutes. Après la cuisson, pelez-les et coupez-les en rondelles de 3 à 4 mm d'épaisseur. Faites-les mariner en les aspergeant avec le vin blanc. Réservez-les au tiède.

2. Faites durcir les œufs en les plongeant dans de l'eau bouillante salée pendant 9 minutes après la reprise de l'ébullition. Après la cuisson, passez-les sous l'eau froide et écalez-les. Écrasez les blancs et les jaunes ensemble dans une assiette creuse avec le dos d'une fourchette. C'est à la fourchette que vous obtiendrez une granulation moins rigoureuse et plus conforme à la vérité des choses simples.

3. Épluchez et émincez finement l'oignon, passez-le sous l'eau claire dans une passette et pressez-le fortement dans un coin de torchon. Lavez, essorez et ciselez les fines herbes. Préparez le cresson en raccourcissant les tiges au maximum pour ne garder que les feuilles. Lavez-les bien à plusieurs eaux, essorez-les et mettez-les sur un linge pour mieux les sécher. Salez-les légèrement en saupoudrant modestement de sel fin.

4. Préparez la sauce vinaigrette : dans un bol mettez le sel et le poivre, ajoutez le vinaigre et mélangez jusqu'à dissolution du sel. Ajoutez l'huile et fouettez le mélange pour l'homogénéiser.

5. Saucez la salade de pommes de terre avec la moitié de la vinaigrette. Ajoutez l'oignon émincé et les fines herbes.

6. Dressez les assiettes : répartissez les pommes de terre en dôme sur chaque assiette, parsemez d'une partie des œufs hachés, ajoutez enfin le cresson en bouquet harmonieux. Parsemez à la surface avec le reste d'œuf dur haché. Terminez en faisant, avec la vinaigrette restante, un cordon autour de la salade. Le mélange pommes de terre/cresson doit se faire au moment de la dégustation, sans quoi le cresson serait fatigué par le vinaigre et perdrait sa fraîcheur.

SALADE GABRIEL

C ette salade se suffit à elle-même en hors-d'œuvre mais on peut y ajouter des crevettes roses décortiquées, de la chair de crabe ou d'araignée, alors légèrement liée de sauce lobster et présentée dans de petites demi-tomates évidées.

POUR 6 À 8 PERSONNES

1 kg de pommes de terre	*1 c. à café de moutarde*
(Belle de Fontenay, Charlotte)	*30 cl d'huile*
le jus d'une orange	*le jus d'un citron*
le jus d'un citron	*2 c. à café de sauce ketchup*
300 g de champignons de Paris	*2 c. à café de cognac ou de whisky*
2 c. à soupe de pluches de cerfeuil	*1 pincée de sucre en poudre*
	quelques gouttes de tabasco
Pour la sauce lobster :	*poivre de Cayenne*
2 jaunes d'œufs	*sel de mer, poivre*

1. Faites cuire les pommes de terre comme pour la salade ordinaire (voir page 56), et préparez-les de même mais en remplaçant le vin blanc par le mélange du jus d'orange et de la moitié du jus de citron. Laissez les pommes refroidir.

2. Préparez la sauce lobster ou sauce cocktail : mélangez les jaunes d'œufs à la moutarde. Salez et poivrez. Petit à petit, en tournant toujours dans le même sens, ajoutez l'huile jusqu'à ce que l'émulsion soit bien homogène. Détendez la mayonnaise avec la moitié du jus de citron. Ajoutez en fouettant la sauce Ketchup, le cognac ou le whisky, le reste du jus de citron et le sucre. Relevez d'une pointe de poivre de Cayenne ou de Tabasco.

3. Nettoyez les champignons, lavez-les à plusieurs eaux et égouttez-les bien. Émincez-les finement et citronnez-les bien, avec le reste du jus de citron, pour les aciduler et pour qu'ils ne noircissent pas. Lavez et épongez le cerfeuil sur du papier absorbant.

4. Mélangez les pommes de terre et les champignons. Salez et poivrez. Incorporez 30 cl de sauce lobster et mélangez délicatement. Vérifiez l'assaisonnement et au besoin rectifiez-le au goût. Dressez en saladier ou sur des assiettes. Parsemez de pluches de cerfeuil. Servez.

UN SANCERRE BLANC VIF
SERVI BIEN FRAIS

SALADE JURASSIENNE

C ette merveilleuse salade est une garniture destinée à accompagner les bécasses, les cailles, les pigeons, les pintades, les canards et les magrets cuits et froids. Escalopez alors les filets avec beaucoup de régularité, dressez-les avec soin sur assiette, aspergez de gouttes de kirsch, de mignonnette de poivre et de gros sel.

POUR 6 À 8 PERSONNES

1 kg de pommes de terre	*Pour la sauce kirschée :*
(Belle de Fontenay, Charlotte)	*4 graines de genièvre*
1 petit fenouil tubéreux	*1 pincée de sucre*
4 graines de genièvre	*le jus d'un citron*
250 g de fromage	*1 c. à soupe de paprika*
(Comté ou Beaufort)	*3 c. à soupe de kirsch*
le jus d'un citron	*25 cl d'huile de tournesol*
quelques radis roses	*sel de mer, poivre*

1. Nettoyez et parez le bulbe de fenouil. Prélevez-en 2 ou 3 côtes et mettez le reste du bulbe en réserve. Plongez les côtes dans l'eau de cuisson des pommes de terre ainsi que les graines de genièvre. Puis, faites cuire les pommes comme pour une salade ordinaire (voir *Salade de pommes de terre à la parisienne*, page 56).

2. Quand les pommes de terre sont cuites, égouttez-les en conservant 25 cl environ d'eau de cuisson. Coupez les pommes de terre en 1/2 rondelles de 3 à 4 mm. Aspergez-les de l'eau de cuisson tiède mise en réserve.

3. Préparez la sauce kirschée : écrasez les graines de genièvre. Dans un bol mettez une pincée de sel, un peu de poivre moulu et le sucre. Ajoutez le jus de citron, le paprika, le kirsch et les graines de genièvre écrasées. Mélangez vigoureusement au fouet en incorporant l'huile de tournesol petit à petit, afin de bien homogénéiser la sauce.

4. Avec un couteau économe, taillez de fins rubans de fromage et incorporez-les à la sauce kirschée.

5. Émincez très finement le reste de fenouil mis en réserve et citronnez-le avec le jus de citron. Lavez, équeutez et coupez en fines tranches les radis roses (gardez-en quelques-uns pour la présentation). Mélangez le fenouil et les radis ainsi préparés aux pommes de terre pour obtenir une composition dite « gourmande ».

6. Mélangez cette composition à la sauce kirschée et fromagée. Vérifiez l'assaisonnement au goût. Au besoin, rectifiez-le par quelques traits supplémentaires de kirsch et d'huile, l'arôme du kirsch doit légèrement dominer.

7. Dressez la salade en harmonie, en faisant éclater, pour les yeux et le décor, des rondelles des radis roses restants, mises par-ci par-là, et servez.

UN CÔTE DU JURA BLANC
BIEN TYPÉ

Comme pour toutes les salades cuites selon la recette à la parisienne, la pomme de terre conserve également son capital minéral, en particulier le **potassium**, le **magnésium**, le **fer** et une vingtaine d'autres éléments appelés encore oligo-éléments, indispensables à la vie. Le fromage, qui s'accorde avec bonheur à la sauce kirschée, apporte quant à lui le **calcium** qui, seul, fait défaut à la pomme de terre.

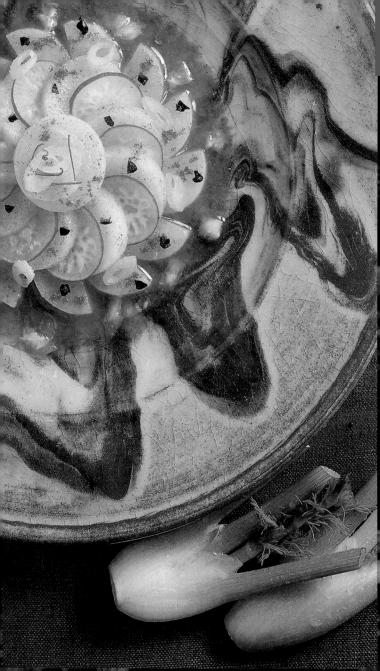

SALADE
DU PAYS DE CAUX

L a crème fraîche et le vinaigre de cidre constituent l'accord
parfait pour assaisonner cette salade normande.

POUR 5 À 6 PERSONNES

1 kg de pommes de terre (Ratte)
vinaigre de cidre
2 blancs de céleri en branches
le jus d'1 ou 2 citrons
1 grand verre de crème fleurette

100 g de jambon maigre
2 c. à soupe de fines herbes mélangées :
persil, cerfeuil, ciboulette
sel de mer, poivre

1. Faites cuire à l'eau salée les pommes de terre à la peau, pendant 30 minutes. Égouttez-les, épluchez-les encore chaudes et
coupez-les en bâtonnets. Mettez-les dans un saladier ou une terrine. Aspergez-les d'un peu de vinaigre de cidre.

2. Lavez le céleri, retirez-en les fibres et taillez en julienne les
blancs bien tendres. Mélangez les pommes de terre et le céleri.
Arrosez de jus de citron, salez et poivrez, mélangez bien.

3. Coupez le jambon en julienne. Lavez et hachez les fines herbes.
Fouettez dans un bol la crème fleurette et incorporez-la alors aux
pommes de terre et céleri pour lier l'ensemble.

4. Disposez la salade sur un plat de service. Saupoudrez-la de la
julienne de jambon maigre et des fines herbes au moment de
servir.

*La Normandie est la province des produits laitiers par excellence. La
race normande, blanche à taches marron, procure un lait dont le
beurre se symbolise à Isigny, les fromages à Camembert, Pont-l'Évêque
et Livarot, la crème dans la cuisine.*

SALADE DE POMMES CÉLERI

C ette salade peut s'inscrire dans les hors-d'œuvre variés ou comme salade en combinaison avec des quartiers d'œufs durs, du poisson froid, du thon à l'huile, de la volaille de desserte, etc. Le décor est laissé librement à l'inspiration de l'interprète.

POUR 6 À 8 PERSONNES

1 kg de pommes de terre	**Pour la sauce moutarde à la crème :**
(Belle de Fontenay, Charlotte)	*3 c. à soupe de moutarde blanche*
500 g de céleri rave	*de Dijon*
25 cl de vin blanc	*1 c. à café de sucre en poudre*
(muscadet ou chablis)	*le jus d'1/2 citron*
2 c. à café de vinaigre blanc	*250 g de crème fraîche épaisse*
2 c. à soupe d'oignon haché	*poivre de Cayenne ou*
2 c. à soupe de persil frais haché	*1 c. à soupe de raifort râpé*
sel de mer, poivre	*sel de mer, poivre*

1. Faites cuire les pommes de terre comme pour une salade ordinaire (voir *Salade de pommes de terre à la parisienne*, page 56). Épluchez les pommes de terre et coupez-les en cubes de 1 cm. Aspergez de vin blanc, remuez et laissez au tiède.

2. Épluchez le céleri rave et coupez-le en tranches de 1 cm d'épaisseur puis en cubes. Mettez-le dans une casserole, couvrez-le d'eau froide salée et ajoutez le vinaigre. Faites pocher le céleri 10 minutes jusqu'à ce qu'il ait une consistance moelleuse. Égouttez-le et rafraîchissez-le à l'eau claire pour arrêter la cuisson à cœur. Égouttez-le à nouveau et séchez-le sur un linge ou du papier absorbant.

3. Préparez la sauce moutarde à la crème (voir *Salade scandinave*, page 79).

4. Pelez et hachez finement l'oignon. Lavez et épongez le persil sur du papier absorbant. Ciselez-le.

5. Incorporez le céleri poché aux pommes de terre. Liez avec la sauce moutarde à la crème. Ajoutez l'oignon haché et le persil. Mélangez délicatement. Dressez en ravier et servez.

**UN MUSCADET
OU UN CHABLIS**

SALADE
DE POMMES DE TERRE
HONFLEURAISE

C ette salade marine légère et raffinée se prépare aussi bien avec des crevettes qu'avec des langoustines, du tourteau ou de l'araignée de mer.

POUR 4 À 6 PERSONNES

500 g de petites pommes de terre (Ratte)
25 cl de vinaigre de cidre ou de vin blanc
150 g de queues de crevettes grises cuites
150 g de petites moules cuites
2 petits oignons blancs

2 c. à soupe de persil, cerfeuil, estragon et civette
Pour la mayonnaise moutardée :
2 jaunes d'œufs
1 c. à café de moutarde
30 cl d'huile d'arachide
quelques gouttes de vinaigre
sel de mer, poivre

1. Faites cuire à la vapeur les pommes de terre à la peau, pendant 50 minutes. Épluchez-les encore chaudes et coupez-les en rondelles épaisses au-dessus d'un saladier. Arrosez-les d'un peu de vinaigre de cidre ou de vin blanc sec et râpeux. Mettez-les en attente au frais.

2. Pelez et émincez finement les oignons. Lavez et ciselez toutes les herbes. Réservez-les également.

3. Préparez la mayonnaise : sortez tous les ingrédients à l'avance pour qu'ils soient à température ambiante. Mélangez dans un bol les jaunes d'œufs, la moutarde, le sel et le poivre. Petit à petit, en tournant toujours dans le même sens, versez l'huile jusqu'à ce que l'émulsion soit bien homogène. Ajoutez un trait de vinaigre.

4. Liez la salade avec la mayonnaise moutardée : enrobez-en bien les pommes de terre. Ajoutez les queues de crevettes grises et autant de petites moules cuites ébarbées. Complétez avec les petits oignons blancs et les fines herbes concassées.

UN MUSCADET DE SÈVRE ET MAINE

Pour que la cuisson soit uniforme, choisissez des pommes de terre ayant pratiquement toutes la même taille, et ainsi elles vont cuire ensemble à la même rapidité. Préférez la cuisson à la vapeur. Ne pelez pas les pommes de terre. Inutile de saler l'eau : le sel ne sera pas absorbé.

SALADE
DE POMMES DE TERRE
AUX HERBES

L'étonnant mélange d'herbes assaisonnées de sel et de goutte-lettes de vinaigre de Xérès fait l'originalité de cette rafraîchissante salade où se marient les couleurs et les saveurs.

POUR 4 À 6 PERSONNES

1 kg de petites pommes de terre (Ratte)
1 branche de fenouil ou d'aneth
vinaigre de Xérès
1 poignée de feuilles d'épinard
1 poignée de feuilles d'oseille
1 laitue
6 branches de cerfeuil
2 feuilles de menthe
5 tiges d'aneth
1 c. à soupe de ciboulette

1 ou 2 oignons blancs
2 œufs durs
5 radis roses
sel de mer

Pour la vinaigrette :
1 c. à café de moutarde
3 c. à soupe d'huile d'olive
1 c. à soupe de vinaigre de Xérès
sel de mer, poivre

1. Lavez la branche de fenouil ou d'aneth. Lavez et équeutez les épinards et l'oseille. Passez sous l'eau le cerfeuil, la menthe, l'aneth et la ciboulette, et épongez-les. Lavez la laitue, essorez-la et taillez-la en chiffonnade. Pelez et émincez finement les oignons. Lavez les pommes de terre avec la peau. Lavez les radis roses et taillez-les en julienne. Coupez les œufs en quartiers. Mettez tous ces éléments en réserve.

2. Faites cuire les pommes de terre à l'eau salée, avec la branche de fenouil ou d'aneth, pendant 30 minutes. Au terme de leur cuisson, égouttez les pommes, épluchez-les et coupez-les en tranches épaisses. Aspergez-les, encore chaudes, d'un peu de vinaigre de Xérès.

3. Dans un plat creux de service, étalez avec soin un lit de feuilles d'épinard et d'oseille, parsemez de la chiffonnade de laitue. Dispersez le cerfeuil, les feuilles de menthe, les brindilles d'aneth et les oignons émincés. Salez un peu en surface. Aspergez cette verdure de gouttelettes de vinaigre de Xérès.

4. Préparez la vinaigrette : mélangez la moutarde au vinaigre, au sel et au poivre. Ajoutez l'huile d'olive et fouettez pour bien homogénéiser. Versez-la sur les pommes de terre, mélangez.

5. Garnissez le centre du plat avec la salade de pommes de terre. Disposez autour les quartiers d'œufs durs. Parsemez les pommes de ciboulette hachée, de la julienne de radis roses et servez.

SALADE AUX POMMES ENDIVES

C ette salade se sert comme hors-d'œuvre ou peut accompagner du jambon blanc ou de la viande blanche et froide.

POUR 4 À 6 PERSONNES

---

300 g de pommes de terre «olivettes»	*1 c. à soupe de graines de coriandre*
(Charlotte ou Ratte)	*6 clous de girofle*
2 ou 3 endives	*2 piments oiseaux*
Pour le bouillon :	*1 c. à café de cumin ou carvi*
2 oignons moyens	*1 c. à café de poivre noir en grains*
2 gousses d'ail	*25 cl d'eau*
1/2 branche de céleri	*10 cl d'huile d'olive*
quelques tiges de persil	*1 g de safran*
quelques brins d'aneth	*le jus de 2 citrons*
1 balai de thym	*1 c. à café de sucre en poudre*
2 feuilles de laurier	*sel de mer*

1. Préparez le bouillon et la même quantité de pommes de terre suivant la recette type de la *Salade Athéna* (voir page 59). Plongez les pommes de terre dans le bouillon.

2. Choisissez des endives moyennes et bien fermes. Nettoyez-les, essuyez-les bien en retirant les premières feuilles ainsi que le cœur amer du trognon avec la pointe du couteau économe. Raccourcissez légèrement la pointe des feuilles, coupez-les en deux sur la longueur et taillez-les en grosse julienne.

3. À la mi-cuisson des pommes de terre, au bout de 8 minutes, ajoutez les endives taillées et le sucre. Au moment d'arrêter la cuisson, ajoutez le jus de citron. Sortez le bouquet garni et le nouet. Goûtez l'eau de cuisson et rectifiez l'assaisonnement si nécessaire. Versez les pommes de terre, les endives et le bouillon dans un saladier et mettez à refroidir.

4. Servez les pommes de terre et les endives à peine égouttées, bien rafraîchies.

UN BLANC DE BELLET

SALADE SCANDINAVE

C ette superbe salade accompagne tous les poissons fumés, saumon, truite, hareng, anguille, sprat, maquereau, haddock, etc. Vous pouvez également la parsemer d'œufs de saumon ou d'ablette, pour un hors-d'œuvre typiquement scandinave.

POUR 6 À 8 PERSONNES

1 kg de pommes de terre
(Belle de Fontenay, Charlotte)
1 bouquet d'aneth
1 concombre
1 c. à café de vodka
Pour la sauce moutarde à la crème :
3 c. à soupe de moutarde
blanche de Dijon

1 c. à café de sucre en poudre
le jus d'1/2 citron
250 g de crème fraîche épaisse
poivre de Cayenne ou
1 c. à soupe de raifort râpé
sel de mer
poivre

1. Faites cuire les pommes de terre comme pour une salade ordinaire (voir *Salade de pommes de terre à la parisienne*, page 56), mais en ajoutant 2 tiges d'aneth à l'eau de cuisson.

2. Pendant ce temps, épluchez et égrenez le concombre coupé en 2 à l'aide d'une cuiller. Râpez-le à la grosse grille et salez légèrement de sel fin pour le faire dégorger une vingtaine de minutes. Mettez-le à égoutter dans une petite passette, munie d'un linge genre compresse, et posée au-dessus d'un bol pour récupérer le jus.

3. Quand les pommes de terre sont cuites, vérifiez la cuisson en les piquant avec la lame d'un couteau pointu. Épluchez-les et coupez-les en cubes de 1 cm environ. Mélangez la vodka au jus de concombre récupéré par égouttage et incorporez ce mélange aux pommes de terre tièdes.

4. Préparez la sauce moutarde à la crème : dans une terrine adéquate mettez la moutarde, du sel, du poivre du moulin, le sucre et le jus de citron. Fouettez en incorporant petit à petit la crème fraîche épaisse.

5. Vérifiez l'assaisonnement en le remontant d'une pointe de poivre de Cayenne ou, mieux encore, en y ajoutant du raifort râpé.

6. Lavez et ciselez l'aneth restant. Pressez le concombre râpé et ajoutez-le aux pommes de terre. Liez cette composition avec la sauce moutarde et complétez par l'aneth ciselé.

7. Dressez la salade sur des assiettes et composez harmonieuse-
ment la préparation avec, par exemple, du poisson tranché.

UNE VODKA
SERVIE BIEN GLACÉE

*Vous pouvez trouver le raifort râpé bien conditionné en pots de verre
dans la plupart des épiceries fines ou des grandes surfaces.*

Parmi les propriétés organoleptiques de la pomme de terre, l'une des
plus remarquables est certainement sa capacité à fixer les goûts sans
qu'il soit nécessaire d'y adjoindre de matières grasses. La sauce moutarde à la crème contient trois fois moins de lipides qu'une sauce
mayonnaise crémée mais, liée à la pomme de terre, elle parvient au
même effet gustatif dans un contexte « diététique ».

LES PLATS

LE BAECKEOFFA

P lat incontournable et traditionnel d'Alsace et aussi de Lorraine. Savoureuse préparation qui, hier, se cuisait dans le four du boulanger, ainsi le voulait la coutume. L'ustensile employé, est, bien sûr, la terrine en terre classique bien rodée et éprouvée par maintes utilisations, quelque peu écornée pour son authenticité culinaire et familiale.

POUR 6 À 8 PERSONNES

1,5 kg de pommes de terre à chair ferme
(BF 15, Charlotte ou Belle de Fontenay)
500 g de gîte de bœuf
500 g d'échine de porc désossée
500 g d'épaule d'agneau
1 queue de bœuf
1 pied de porc
200 g de farine
Pour la marinade :
250 g d'oignons

2 gousses d'ail
2 blancs de poireaux
1 branche de céleri
2 clous de girofle
1 bouquet garni : 1 branche de thym,
1 feuille de laurier, 4 branches de persil,
1 branche de céleri
1 petite c. à café de poivre en grains
1 bouteille de riesling ou de sylvaner
sel de mer, poivre du moulin

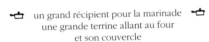

un grand récipient pour la marinade
une grande terrine allant au four
et son couvercle

1. Préparez la viande pour la marinade : demandez à votre boucher de désosser l'échine de porc, ou faites-le vous-même ; coupez en 2 et faites blanchir le pied de porc avec la queue de bœuf en les plongeant quelques instants dans l'eau bouillante. Rafraîchissez-les et égouttez-les. Découpez toutes les pièces de viandes en morceaux de 50 à 60 g chacun.

2. Préparez la marinade : pelez les oignons et l'ail. Lavez soigneusement et émincez les blancs de poireaux, la branche de céleri et les oignons. Écrasez les clous de girofle. Passez sous l'eau claire le thym, le laurier, le céleri, le persil et nouez le tout en bouquet avec du fil de cuisine.

3. Mettez dans un grand récipient la viande coupée, les oignons, l'ail, les blancs de poireaux, le céleri, les clous de girofle écrasés, le bouquet garni et les grains de poivre. Mouillez avec la bouteille de vin d'Alsace. Faites mariner 24 heures à l'avance tous ces éléments au réfrigérateur. À l'utilisation, égouttez le tout en conservant la marinade.

4. Préchauffez le four à 160 °C (thermostat 5-6).

5. Lavez, épluchez et émincez les pommes de terre en rondelles de 3 mm d'épaisseur. Dans la terrine, mettez d'abord une couche de pommes de terre et une couche de viande mêlées, une couche d'oignons, de poireaux et de céleri mélangés; recommencez jusqu'à épuisement des ingrédients en prenant garde de terminer par une couche de pommes de terre. Mouillez du vin de la marinade qui doit arriver à la dernière couche de pommes de terre et affleurer la surface. Si nécessaire, complétez avec un verre d'eau. Enfouissez le bouquet garni de la marinade dans les pommes de terre et les viandes. Salez et poivrez au moulin.

6. Couvrez et fermez le couvercle avec une pâte mollette faite de 200 g de farine mélangée à un peu d'eau. Mettez à cuire 3 heures au four.

7. Après la cuisson, levez le couvercle, nettoyez le pourtour de la terrine, dégraissez au besoin à la cuiller. Servez la terrine directement sur la table, comme le veut la tradition alsacienne.

Variante : on peut remplacer la viande d'agneau par de l'oie en morceaux et ajouter quelques carottes à la marinade.

UN ALSACE TOKAY-PINOT GRIS
AUX ARÔMES BIEN TYPÉS

CÔTELETTES DE MOUTON CHAMPVALLON

Un grand classique de la cuisine traditionnelle française. Merveilleuse préparation simple et savoureuse. Recette toutefois un peu oubliée.

POUR 4 PERSONNES

8 côtes d'agneau	*5 oignons moyens*
ou de mouton découvertes	*150 g de beurre*
30 cl d'huile	*2 bouquets garnis à dominante de thym*
	+ laurier et queues de persil
Pour les pommes de terre	*1 gousse d'ail*
boulangères :	*1/2 l de bouillon de volaille*
1 kg de pommes de terre (BF 15)	*sel de mer, poivre*

une sauteuse ou une cocotte en fonte
un plat allant au four en terre, en porcelaine ou en verre

1. Demandez à votre boucher de bien parer les côtes découvertes et de retirer le nerf de l'échine.

2. Préparez les *Pommes de terre boulangères* (voir page 131) dans les proportions citées ci-dessus. Mettez cette préparation en attente sans la cuire.

3. Dans une assiette, salez et poivrez les côtelettes. Dans une poêle très chaude, versez l'huile et faites colorer les côtelettes des 2 côtés à feu vif ; mettez-les en attente. Préchauffez le four à 210 °C (thermostat 7).

4. Pelez la gousse d'ail et frottez-en un plat en terre, comme pour les pommes boulangères. Mettez une couche de pommes de terre apprêtées, disposez en quinconce les côtelettes bien blondies, recouvrez de l'autre moitié de pommes réparties astucieusement. Tassez la préparation et enfouissez un bouquet garni à chaque extrémité du plat. Arrosez du bouillon de volaille.

5. Enfournez et faites cuire à four chaud (210 °C, thermostat 7), pendant 50 minutes à 1 heure.

6. Au moment de servir, retirez les bouquets garnis et présentez dans le plat de cuisson. La surface doit être légèrement croustillante et le liquide complètement absorbé.

UN GIGONDAS ROUGE TRÈS CHARNU

« CROQUE-MONSIEUR »
AUX POMMES DE TERRE

Personnellement, j'ai un faible pour ce plat familial que ma femme prépare remarquablement le dimanche soir, escorté d'une salade verte. Le régal des enfants !

POUR 4 PERSONNES

4 grosses pommes de terre (BF 15)   *4 tranches de jambon cuit*
4 tranches épaisses de Comté   *3 c. à soupe d'huile d'arachide*
(de la largeur et de la longueur   *60 g de beurre*
de la pomme de terre)   *sel de mer*

⌑ un plat allant au four ⌑

1. Lavez les pommes de terre sans les peler. Dans une casserole, faites-les cuire 35 à 40 minutes à l'eau salée frémissante. Égouttez-les et laissez-les tiédir. Préchauffez le four à 210 °C (thermostat 7).

2. Pelez les pommes de terre et coupez-en les extrémités, dans la longueur, pour avoir une assise. Coupez-les ensuite en 2, dans le sens de la longueur. Coupez les tranches de jambon en 2.

3. Placez, entre les deux moitiés de chaque pomme de terre, 1 tranche de jambon, 1 tranche de Comté puis 1 tranche de jambon. Ficelez chaque pomme de terre avec du fil de cuisine pour qu'elle reste bien soudée à la cuisson.

4. Dans une cocotte ou un sautoir en cuivre assez grand, faites chauffer le beurre avec l'huile d'arachide. Posez-y les 4 pommes de terre et faites-les dorer 4 minutes sur chaque face.

5. Lorsqu'elles sont bien dorées, retirez la ficelle de cuisine des pommes de terre, dressez-les sur un plat pouvant aller au four. Mettez le plat 5 minutes dans le four et servez bien chaud.

**UN MINERVOIS ROUGE
SERVI LÉGÈREMENT FRAIS**

GRATIN DAUPHINOIS

S i vous demandez à cent personnes quel est, à leur avis, le meilleur gratin dauphinois, vous obtiendrez cent réponses différentes. Pour ma part, le meilleur gratin est, en principe, le dernier que j'ai goûté à condition qu'il soit réussi. La question fondamentale est : doit-on laver les pommes de terre ? Certains pensent qu'il le faut pour éliminer la fécule. D'autres sont d'un avis contraire de façon à obtenir une liaison plus onctueuse. Essayez cette recette des deux façons et choisissez celle qui vous plaît le mieux.

POUR 4 À 6 PERSONNES

1 kg de pommes de terre à chair jaune	*100 g de gruyère fraîchement râpé*
(Charlotte ou Belle de Fontenay)	*50 g de beurre*
1/2 l de lait	*1 gousse d'ail*
200 g de crème fraîche épaisse	*muscade*
(6 bonnes c. à soupe)	*sel de mer, poivre*

 un plat en terre ou en porcelaine à feu

1. Préchauffez le four à 180 °C (thermostat 6).

2. Épluchez et lavez les pommes de terre ; essuyez-les. Taillez-les en rondelles de l'épaisseur d'une pièce de 5 francs, pas moins. Selon votre choix, lavez-les ou ne les lavez pas, pour ne pas entraîner la perte de la fécule utile à la liaison du gratin. (Si vous choisissez de les laver, épongez-les parfaitement dans un torchon.)

3. Faites bouillir le lait en casserole. À l'ébullition, ajoutez la crème fraîche ainsi que 80 g de gruyère. Salez et poivrez. Relevez d'une pointe de muscade râpée.

4. Incorporez les rondelles de pommes de terre, mélangez à la cuiller de bois. Laissez cuire lentement à feu doux pendant une vingtaine de minutes en remuant délicatement pour éviter que le lait et les pommes de terre attachent au fond de la casserole. Vérifiez l'assaisonnement et rectifiez-le au besoin.

5. Épluchez la gousse d'ail et frottez-en un plat en terre de préférence, ou en porcelaine à feu. Versez le gratin dans ce plat et égalisez-le en le tassant à la palette. Parsemez la surface du gruyère râpé restant, ainsi que de quelques noisettes de beurre. Mettez au four.

6. Laissez cuire 1 heure 30 environ pour avoir un gratin moelleux et crémeux. Baissez le degré du four en fin de cuisson si nécessaire. Couvrez avec une feuille d'aluminium afin de ne pas carbo-

niser la surface si celle-ci est trop colorée. Servez dans le plat de cuisson.

Certains estiment que frotter le plat d'une gousse d'ail, que l'on jette ensuite, est une opération totalement superflue. En réalité, il s'agit de frotter énergiquement et longtemps, le fond et les parois avec la gousse d'ail pour imprégner parfaitement le plat de ce parfum. Pendant la cuisson, cet ail aromatise peu à peu les pommes de terre et le lait du gratin, et ajoute une touche essentielle à son assaisonnement.
Plus un gratin cuit doucement et lentement, meilleur il est; les pommes de terre doivent être confites dans la crème et le lait.

GRATIN
DE POMMES DE TERRE
AU ROQUEFORT

Q uelle belle œuvre humaine que le Roquefort ! Pline, dans son *Histoire naturelle*, parle déjà de ce fromage au lait de brebis, moisi dans les grottes où un air frais pénètre par des cheminées naturelles, dites « fleurines ».

POUR 4 À 5 PERSONNES

1 kg de pommes de terre moyennes	5 jaunes d'œufs
(BF 15, Charlotte, Ratte)	1 oignon moyen
160 g de Roquefort	4 gousses d'ail
1 l de lait concentré	1 c. à café de thym effrité
3 c. à soupe de crème fraîche	sel de mer, poivre
120 g de beurre	

⌐╦┐ un plat à gratin ⌐╦┐

1. Épluchez les pommes de terre. Lavez-les, égouttez-les et essuyez-les dans un torchon. Émincez-les en rondelles de 2 à 3 mm d'épaisseur. Pelez l'oignon et la gousse d'ail. Hachez-les séparément très fin.

2. Préchauffez le four à 180 °C (thermostat 6).

3. Dans un grand saladier, mélangez, à l'aide d'un fouet, 4 jaunes d'œufs avec le lait concentré. Ajoutez les pommes de terre. Salez et poivrez. Ajoutez le Roquefort en l'effritant, l'oignon et l'ail hachés, et le thym. Mélangez soigneusement.

4. Beurrez un plat à gratin avec 30 g de beurre. Disposez-y les pommes de terre. Parsemez le dessus du plat de 50 g de noisettes de beurre. Recouvrez d'une feuille d'aluminium. Enfournez et faites cuire 1 heure.

5. Dans une petite casserole, faites chauffer à feu doux la crème avec le reste de beurre et de Roquefort. Prolongez la cuisson à faibles frémissements pendant 5 minutes en remuant avec un fouet. Retirez du feu, laissez tiédir et ajoutez le dernier jaune d'œuf en fouettant.

6. Retirez la feuille d'aluminium du plat et nappez-le entièrement du mélange crème, beurre et œuf. Laissez encore 15 à 20 minutes dans le four, le temps que le gratin soit bien doré. Servez aussitôt.

**UN VIN ROUGE DE MARCILLAC
D'UNE GRANDE ORIGINALITÉ**

GOULASCH
À LA HONGROISE

E n Hongrie, goulasch est interprété au masculin, mais chez nous on peut dire «la goulasch» même si cette expression est peu usitée et n'a pas l'euphonie slave. C'est le plat national hongrois, reflet d'une cuisine rustique, le ragoût populaire de bœuf aux pommes de terre parfumées de paprika, cumin et marjolaine. On perçoit déjà l'influence orientale. Tout comme nous avons le navarin et ses variantes, il existe des goulasch aux goûts différents selon les poudres de poivrons utilisées et les savoir-faire. Nous avons appris en Hongrie, dans ce pays merveilleusement coloré, fidèle aux traditions, qu'à l'origine le goulasch était composé de viande de cheval. En effet, à l'époque où la Hongrie était essentiellement agricole, les chevaux, associés à l'effort de la terre, y étaient fort nombreux. Simple à réaliser comme la plupart des ragoûts, la qualité savoureuse du goulasch dépend évidemment de la qualité de la viande dite «à braiser», viande maigre mais moelleuse, dont les morceaux les meilleurs sont le jarret de bœuf, la macreuse ou le paleron, et puis le paprika choisi bien rose, en poudre très fine, que l'on trouve dans les bonnes épiceries.

POUR 6 À 8 PERSONNES

1 kg de pommes de terre	250 g de saindoux
(BF 15)	2 c. à soupe de concentré de tomate
1,2 kg de bœuf	3 c. à soupe de paprika
(jarret, macreuse ou paleron)	1 verre de vin rouge ordinaire
50 g de farine	2 c. à café de cumin
700 g d'oignons	1 c. à café de marjolaine
500 g de tomates	2 l de bouillon de bœuf
2 gousses d'ail	sel de mer, poivre
2 poivrons verts	

 une cocotte en fonte d'au moins 4 litres avec son couvercle

1. Taillez le bœuf en morceaux de 60 g et farinez-les. Pelez et hachez les oignons. Lavez, pelez, épépinez et concassez les tomates. Pelez et écrasez les gousses d'ail. Lavez, épépinez et taillez finement les poivrons verts. Épluchez les pommes de terre, lavez-les, égouttez-les et coupez-les en 4.

2. Dans une cocotte en fonte, faites fondre à feu moyen le saindoux en ajoutant les oignons. Laissez très légèrement blondir. Ajoutez la viande farinée et faites-la bien colorer.

3. Ajoutez le concentré de tomate, les tomates concassées et l'ail écrasé. Saupoudrez de paprika ; ajoutez le vin rouge et 1/2 l de bouillon pour assurer la liaison. Salez et poivrez. Complétez par le cumin et la marjolaine. Incorporez alors les poivrons et versez le reste du bouillon. Couvrez et laissez mijoter 1 heure.

4. Ajoutez enfin les pommes de terre, qui doivent cuire dans ce genre de soupe-ragoût pendant au moins 1 heure. Vérifiez l'assaisonnement.

5. Servez ce ragoût bien chaud dans la cocotte ou sur un plat de service.

UN RULLY ROUGE
D'UNE TRÈS BONNE LONGUEUR EN BOUCHE

On peut, si on le désire, rajouter du paprika suivant sa force ainsi qu'un zeste de citron à la note finale.
Outre le bœuf, d'autres viandes peuvent entrer dans la composition de cette recette : comme par exemple le mouton et le porc.

L'IRISH-STEW

P lat national irlandais, savoureux grâce à la qualité exceptionnelle des moutons qui paissent sur de riches pâturages
humides et à celle reconnue des pommes de terre de l'île verte.
L'Irish-Stew s'impose dès que les feuilles tombent.

POUR 4 À 6 PERSONNES

1,4 kg de pommes de terre   *250 g d'oignons*
(Charlotte ou BF 15)   *1 bouquet garni de persil,*
800 g de côtes de mouton découvertes   *thym et laurier*
800 g de tranches de collier   *200 g de farine*
1 branche de céleri   *sauce Worcestershire*
200 g de chou vert   *sel de mer, poivre*

 une grande terrine allant au four et son couvercle

1. Coupez les tranches de collier en 2. Étalez tous les morceaux
sur une planche, salez et poivrez légèrement. Réservez.

2. Épluchez les pommes de terre et taillez-les en tranches de 4 à
5 mm. Lavez et émincez finement la branche de céleri et le chou.
Pelez et émincez également les oignons.

3. Dans un linge ou une terrine, mélangez les pommes de terre,
le céleri, le chou, les oignons. Salez et poivrez. Mettez en attente.
Préchauffez le four à 180 °C (thermostat 6).

4. Dans une terrine mettez une couche du mélange de pommes
de terre et de légumes émincés. Disposez dessus les morceaux de
mouton bien serrés les uns contre les autres. Recouvrez du reste
de la garniture, enfoncez le bouquet garni et mouillez d'eau à
faible hauteur. Ajoutez enfin quelques traits de sauce anglaise.

5. Couvrez la terrine et soudez le couvercle avec une pâte mollette faite de farine malaxée avec un peu d'eau. Enfournez et
laissez cuire 2 heures 30.

6. Sortez la terrine du four, enlevez la croûte de pâte, soulevez le
couvercle. Retirez le bouquet garni, nettoyez les bords de la terrine et servez directement. La liaison se fait naturellement par
l'écrasement partiel des pommes de terre.

**UN BORDEAUX ROUGE ASSEZ CORSÉ
UN POMEROL, PAR EXEMPLE**

cuisson

MOUSSE DE POMMES PARMENTIER

U ne préparation délicate et aérienne, variante délicieuse du
grand classique soufflé de pommes de terre. Plongez-y une
cuiller et vous comprendrez aussitôt ce que veut dire le mot
mousse.

POUR 4 À 6 PERSONNES

1 kg de pommes de terre à chair ferme	*60 g de parmesan râpé*
(BF 15)	*6 c. à soupe de crème fraîche*
225 g de beurre	*6 blancs d'œufs*
25 cl de lait	*muscade*
50 g de gruyère fraîchement râpé	*gros sel de mer, poivre*
25 g de farine	

1. Préparez une *Purée de pommes de terre* classique (voir
page 182) en cuisant rapidement à l'eau salée des pommes de
terre épluchées. Égouttez-les après cuisson et passez-les au
moulin à légumes ou au tamis. Incorporez 200 g de beurre froid
en morceaux à la spatule. Travaillez bien le mélange et ajoutez le
lait bouillant. Accommodez au goût avec du poivre et de la noix
de muscade râpée.

2. Fouettez la crème fraîche. Battez les blancs en neige bien
ferme. Mettez en réserve. Préchauffez le four à 180 °C (thermostat 6).

3. Ajoutez à la purée, en mélangeant soigneusement, le gruyère,
50 g de parmesan et la crème fouettée. Terminez en incorporant
délicatement les blancs d'œufs en neige.

4. Beurrez et farinez un moule à soufflé, versez-y la mousse de
pommes de terre. Lissez la surface à la spatule et saupoudrez-la
du reste de parmesan. Enfournez et faites cuire à four moyen, à
180 °C (thermostat 6), pendant 25 minutes comme un soufflé.
Servez immédiatement.

UN GRAVES ROUGE, JEUNE

*Ce plat peut très bien constituer le menu d'un repas, accompagné d'une
salade verte agrémentée de dés de jambon blanc, d'œufs durs coupés
en quartiers et de dés de gruyère.*

OMELETTE DU VALAIS

D e retour d'une belle randonnée dans les montagnes suisses, à Shonried-Gstaad, mon ami Fredy Girardet, le fabuleux cuisinier de Crissier, près de Lausanne, nous concocta une omelette du Valais : ce fut un véritable chef-d'œuvre d'anthologie.

POUR 4 PERSONNES

500 g de pommes de terre (Ratte)	2 petites tranches fines de jambon sec ou de viande des Grisons
50 g de beurre	*Pour chaque omelette :*
4 cl d'huile	3 œufs
150 g de lardons fumés	1 c. à soupe de crème fraîche
2 c. à soupe de persil haché	80 g de beurre
100 g de fromage à raclette	sel de mer, poivre

1. Épluchez les pommes de terre, coupez-les en tout petits dés. Lavez-les, égouttez-les et séchez-les sur un linge. Lavez et hachez le persil. Faites rissoler les cubes de pommes de terre dans une poêle avec le beurre, l'huile, et les lardons fumés. Ajoutez une grande quantité de persil haché.

2. Préchauffez le four sur position gril. Pour chaque omelette, battez les œufs avec la crème fraîche, salez et poivrez. Faites cuire successivement 4 omelettes bien baveuses à la poêle. Fourrez chacune d'elles d'1/4 de garniture pommes et lardons.

4. Coupez le jambon en fine julienne. Beurrez un plat à four. Pliez les omelettes fourrées et rangez-les sur le plat. Quand toutes les omelettes sont cuites, recouvrez chacune d'elles de fines tranches de fromage à raclette et parsemez-les de julienne de jambon.

5. Passez les omelettes à la salamandre ou sous le plafond du gril rayonnant pendant quelques instants. Servez aussitôt.

LA DÔLE DU VALAIS, AGRÉABLEMENT BOUQUETÉE

Si vous épluchez vos pommes de terre, et plus encore si vous les taillez en rondelles, en cubes ou en frites, elles produisent un jus blanchâtre, principalement composé d'amidon. Il faut l'éliminer sous peine de voir, à la cuisson, vos pommes de terre coller, prendre une teinte rougeâtre et refuser de devenir croustillantes comme vous les aimez. Pour bien les laver, plongez-les dans un grand récipient ou dans votre évier rempli d'eau froide, laissez-les quelques instants en les remuant doucement, puis sortez-les avec vos deux mains et égouttez-les. Surtout, pour vider l'eau, ne versez pas le récipient et son contenu dans une passoire : l'amidon retomberait sur les pommes de terre.

PINTADE RÔTIE AUX POMMES DE TERRE CONFITES

J'adore les pommes de terre confites autour de la pintade, dont le jus délicieux leur procure une saveur riche et profonde. Voici la recette d'un plat maison, simple, tout doré, à servir le jour où vous n'avez pas trop de temps à passer en cuisine.

POUR 4 PERSONNES

1 kg de grosses pommes de terre (BF 15)
1 pintade de 1,2 kg préparée
par le boucher
(cou, ailerons et foie réservés)

150 g de beurre
1 branche de romarin
1 brin de thym
sel de mer, poivre

 un grand plat allant au four

1. Épluchez les pommes de terre. Coupez-les en très grosses frites, lavez-les et essuyez-les avec un torchon. Préchauffez le four à 210 °C (thermostat 7).

2. Enduisez le plat à rôtir, allant au four, de 60 g de beurre. Répartissez les pommes de terre sur les côtés avec le cou et les ailerons de pintade. Salez et parsemez 50 g de beurre sur les pommes de terre.

3. Placez le foie, le romarin et le thym dans le coffre de la pintade et assaisonnez généreusement l'intérieur de sel et de poivre. Enduisez la pintade du beurre restant. Salez et poivrez en surface.

4. Posez la pintade dans le plat, sur la cuisse, en l'enfouissant parmi les pommes de terre.

5. Mettez le plat dans le four. Faites rôtir 18 minutes, tout en arrosant les pommes de terre pour les faire dorer régulièrement.

6. Retournez la pintade sur l'autre cuisse et faites cuire 18 minutes. Arrosez. Mettez la pintade sur le dos, pour la dorer uniformément, ajoutez 2 cuillerées d'eau et poursuivez la cuisson 10 minutes.

7. Sortez la pintade du four et assaisonnez-la à nouveau de sel et de poivre.

8. Découpez la pintade et servez dans le plat de cuisson.

UN CHINON FRUITÉ
AU BOUQUET ENVELOPPANT

POMMES À L'ARDENNAISE

C ette délicieuse et rustique recette de pommes de terre peut constituer en elle-même le plat principal dans un menu familial ou bien un repas plus substantiel.

POUR 4 À 6 PERSONNES

750 g de pommes de terre moyennes	*50 g de parmesan râpé*
(BF 15, Eersteling)	*100 g de gruyère fraîchement râpé*
150 g de beurre	*1 c. à soupe de cerfeuil et de persil*
4 jaunes d'œufs	*hachés mélangés*
250 g de jambon	*muscade*
200 g de champignons de Paris	*sel de mer, poivre*

1. Préchauffez le four à 210 °C (thermostat 7). Lavez les pommes de terre mais ne les pelez pas. Faites-les cuire au four pendant 50 minutes en les retournant une ou deux fois. Lavez les champignons et émincez-les finement. Taillez le jambon en morceaux fins. Lavez et hachez le cerfeuil et le persil. Mettez le tout en réserve. N'éteignez pas le four.

2. Après la cuisson, coupez les pommes de terre en 2 dans le sens de la longueur et videz-en délicatement la pulpe à la cuiller, en prenant garde de ne pas abîmer les « écorces » de pommes de terre que vous gardez en réserve. Recueillez la pulpe dans une terrine et écrasez-la encore bien chaude à la fourchette. Ajoutez le beurre ainsi que les jaunes d'œufs.

3. Mélangez alors le jambon, les champignons et le parmesan râpé à la purée. Mettez au point avec le sel, le poivre et la muscade râpée. Incorporez enfin une pleine cuillerée de cerfeuil et de persil hachés. Mélangez bien l'ensemble.

4. Remplissez les « demi-écorces » de pommes de terre de purée en lissant bien la surface de l'appareil. Rangez les pommes sur un plat allant au four et saupoudrez le dessus de chaque écorce de gruyère râpé. Enfournez et faites cuire à four moyen (180 °C, thermostat 6), pendant une vingtaine de minutes afin de bien les gratiner.

UN CÔTES DU RHÔNE-VILLAGES ROUGE
SANS TANIN EXCESSIF

POMMES DE TERRE
BERRICHONNES

L a cuisine berrichonne se distingue par sa simplicité et sa rusticité comme en témoigne cette préparation de truches ou tartouffes, c'est-à-dire de pommes de terre.

POUR 4 À 6 PERSONNES

1 kg de pommes de terre moyennes	*1 c. à soupe de persil haché*
et oblongues (Charlotte, Ratte)	*1 à 1,5 l de bouillon de volaille*
250 g de lard de poitrine demi-sel	*sauce Worcestershire*
2 oignons moyens	*sel de mer, poivre*
1 gousse d'ail	***Pour la variante :***
100 g de beurre	*1 douzaine de petits oignons blancs*
1 bouquet garni	*30 g de farine*

 une cocotte en fonte ou une sauteuse

1. Épluchez les pommes de terre, coupez-les en 2 dans le sens de la largeur, pour vous rapprocher de la forme de la pomme Château.

2. Préparez la poitrine de porc en la découennant et coupez-la en lardons. Blanchissez ceux-ci quelques instants à l'eau bouillante, rafraîchissez-les et égouttez-les. Pelez et hachez finement les oignons ainsi que la gousse d'ail.

3. Dans une cocotte en fonte ou une sauteuse, mettez à fondre le beurre, ajoutez les lardons pour les rissoler légèrement, complétez par les oignons et l'ail. Ajoutez les pommes puis le bouquet garni. Mouillez à hauteur avec le bouillon de volaille. Salez et poivrez. Ajouter quelques traits de sauce Worcestershire. Couvrez et laissez cuire en mijotage pendant 40 minutes en faisant réduire le bouillon de moitié.

4. Lavez le persil, hachez-le et réservez-le. Au terme de la cuisson des pommes de terre, retirez le bouquet garni. Vérifiez l'assaisonnement.

5. Pour la salle à manger, dressez en timbale ou dans un plat creux et saupoudrez de persil haché, servez.

UN REUILLY SEC, SANS EXCÈS

Variante : *ajoutez les petits oignons au moment où vous faites revenir les lardons. Après rissolage, retirez les lardons et les oignons que vous mettez en réserve. Versez la farine en pluie dans la matière grasse* chaude, remuez à la spatule, sur feu pas trop fort, de façon à obtenir un roux couleur noisette. Mouillez avec seulement 3/4 de litre de bouillon et mélangez soigneusement pour lier. Ajoutez les pommes de terre et le bouquet garni. Salez et poivrez. Ajoutez quelques traits de sauce Worcestershire. Couvrez et laissez cuire lentement pendant 40 minutes. Dressez en timbale et saupoudrez de persil haché. Servez. Cette garniture est la compagne idéale des grillades et des rôtis de porc, et des saucisses.

La pomme Château s'obtient par la même technique que la pomme cocotte (voir page 60, note à la suite de Pomme Athéna). Seule la taille (grosseur) diffère. La «tourner» de façon identique et lui donner la forme d'un «très petit œuf de poule».

La bonne cuisine est en général une recherche des bons accords de saveurs. Le bouquet garni, mélange d'aromates maintenus par du fil de cuisine, fait partie de ces extras culinaires qui rehaussent subtilement l'arôme d'un plat en lui ajoutant tout le parfum des herbes. Il n'existe pas de recette standard du bouquet garni, mais je vous conseille d'y faire figurer du thym, du laurier et des branches de persil que vous pouvez agrémenter selon la préparation, d'une branche de céleri, de branches d'estragon, de romarin, etc. Pour bien maintenir toutes les herbes, il est pratique de les emballer dans un morceau de feuille de poireau pas trop verte, puis de ficeler l'ensemble bien serré de 5 ou 6 tours de ficelle. Coupez les deux extrémités du bouquet.

POMMES DE TERRE
AU COMTÉ

V oici une recette facile à réaliser et à déguster après une bonne journée de ski.

POUR 4 À 5 PERSONNES

1 kg de pommes de terre
(BF 15, Charlotte)
300 g de Comté
100 g de beurre

10 cl de bouillon de bœuf
1 c. à soupe de persil plat haché
sel de mer, poivre

1. Épluchez les pommes de terre. Coupez-les en rondelles minces comme pour des chips. Lavez-les, égouttez-les et séchez-les sur un linge. Préchauffez le four à 150 °C (thermostat 5).

2. Coupez le Comté en tranches de la même épaisseur que les pommes de terre. Dans une cocotte, faites fondre un bon morceau de beurre et superposez une couche de pommes de terre et une couche de Comté ; salez et poivrez légèrement. Répétez en 3 couches alternées et arrosez du bouillon de bœuf. Parsemez le dessus de quelques noisettes de beurre.

3. Couvrez et mettez à four doux (150 °C, thermostat 5), pendant 2 heures.

4. Lavez et hachez le persil. Dressez la préparation «feuilletée» sur un plat creux bien chaud. Saupoudrez de persil avant de servir.

UN CÔTES DU JURA BLANC
BIEN TYPÉ

La Franche-Comté, patrie de Victor Hugo et de Pasteur, qui déclara le vin la plus saine et la plus hygiénique des boissons, produit l'inimitable vin Château-Chalon ainsi que l'excellent Comté, que certains appellent à tort gruyère de Comté ou Emmental français.

POMMES
À LA RETHÉLOISE

L a cuisine régionale, garde-fou du bon sens, est une cuisine
patiemment élaborée au fil des saisons et selon le bon vouloir
de la terre. Cette savoureuse recette de pommes de terre des
Ardennes contribue à la découverte d'une cuisine originelle, celle
de notre sensibilité première.

POUR 5 À 6 PERSONNES

5 ou 6 belles pommes de terre	*120 g de parmesan ou de gruyère râpé*
(Charlotte, Belle de Fontenay	*1 gousse d'ail*
ou Eersteling)	*1 c. à soupe de ciboulette ciselée*
150 g de beurre	*1 c. à soupe de persil plat haché*
6 jaunes d'œufs	*1 botte de cresson*
250 g de jambon blanc	*muscade*
250 g de champignons de Paris	*sel de mer, poivre*

1. Préchauffez le four à 210 °C (thermostat 7).

2. Choisissez des pommes de terre de 150 g environ, bien
calibrées. Préparez-les comme pour les *Pommes de terre farcies à
l'ail* (voir page 143) : lavez-les à la peau, piquez-les çà et là avec
une fourchette et cernez-les avec la pointe d'un petit couteau, ceci
pour faciliter la découpe après cuisson. Enveloppez chacune
d'elles dans une feuille d'aluminium et mettez-les à cuire au four
pendant 1 heure 30 environ.

3. Coupez le jambon en très fine brunoise. Retirez la partie ter-
reuse des champignons ; nettoyez-les soigneusement dans l'eau,
pressez-les dans un coin de torchon pour les sécher et hachez-les.
Pelez et écrasez la gousse d'ail en purée. Lavez et ciselez la ciboulette et le persil plat pour en obtenir 1 grosse cuillerée de chaque.
Retirez les feuilles abîmées du cresson et lavez-le soigneusement
à plusieurs eaux. Mettez tous ces ingrédients en réserve.

4. Après la cuisson des pommes de terre, retirez-les de leur enve-
loppe de feuille d'aluminium, séparez-les en 2 moitiés. Videz-
les délicatement à la cuiller en recueillant la pulpe dans une terrine
(vous devez obtenir environ 750 g de pulpe).

5. Travaillez cette pulpe chaude à la fourchette en y incorporant
le beurre bien froid par petites fractions, les jaunes d'œufs, le
jambon en brunoise, les champignons hachés, 100 g de parmesan
ou de gruyère et l'ail en purée. Salez et poivrez. Assaisonnez d'une
pointe de muscade râpée. Ajoutez la ciboulette et autant de persil
plat.

6. Remplissez les demi-pommes de terre avec cet appareil. Lissez à la palette et saupoudrez du reste de fromage. Enfournez et faites cuire à four moyen (180 °C, thermostat 6), pendant 25 à 30 minutes.

7. Dressez sur les assiettes avec le décor d'un petit bouquet de cresson paré, légèrement saupoudré de sel fin. Servez.

UN TOURAINE ROUGE PRIMEUR

Accompagnées d'un peu de cresson légèrement saupoudré de sel fin, les pommes à la retheloise peuvent constituer le plat principal d'un repas.

Cuites dans du papier d'aluminium, les pommes de terre conservent leurs éléments minéraux et demeurent une excellente source de glucides complexes ou «sucres lents» qui représentent le carburant de l'effort prolongé. La préparation à la retheloise, accompagnée d'un fruit, se suffit effectivement à elle-même.

POMMES DE TERRE
EN SURPRISE

P réparez cette délicieuse recette pour surprendre vos convives. Ils découvriront dans chaque pomme de terre reconstituée, un œuf poché chaud au jaune onctueux enfoui dans la pulpe de pomme de terre. Succès garanti !

POUR 6 PERSONNES

6 belles pommes de terre (BF 15)	*2 c. à soupe de civette hachée*
150 g de beurre	*6 œufs*
3 c. à soupe de crème fraîche	*sel de mer, poivre*

un plat de service allant au four

1. Préchauffez le four à 180 °C (thermostat 6).

2. Choisissez de belles pommes de terre bien calibrées. Lavez-les, essuyez-les et piquez-les un peu partout à la fourchette pour éviter qu'elles n'éclatent à la cuisson. Tracez le contour d'un couvercle avec la pointe d'un couteau.

3. Faites cuire les pommes de terre ainsi préparées à four moyen (180 °C, thermostat 6) sur la plaque du four, pendant 30 minutes, en les retournant toutes les 10 minutes. Lavez et ciselez la civette et mettez-la en réserve.

4. Sitôt les pommes de terre cuites, découpez les couvercles que vous mettez en réserve. Avec une petite cuiller, videz la pulpe en la faisant tomber dans une terrine. Salez légèrement l'écorce vide.

5. Travaillez la pulpe recueillie avec le beurre et la crème fraîche à l'aide d'une fourchette. Vérifiez l'assaisonnement. Ajoutez à cette purée la civette mise en réserve.

6. Cassez les œufs un à un dans un ramequin et plongez-les dans l'eau frémissante vinaigrée. Faites-les pocher pendant 3 minutes. Sortez-les à l'aide d'une écumoire et ébarbez-les.

7. Remplissez à moitié les écorces des pommes de terre avec la purée. Posez un œuf poché ébarbé dans chaque pomme de terre et recouvrez du reste de purée. Déposez le couvercle mis en réserve sur le dessus.

8. Mettez les pommes de terre en surprise sur un plat de service et dans votre four chaud, 8 minutes environ. Servez aussitôt.

**UN SANCERRE ROUGE
BIEN FRUITÉ, SERVI UN PEU FRAIS**

Pour bien réussir les œufs pochés, il faut les choisir très frais. Ainsi, au contact de l'eau frémissante, le blanc se resserrera immédiatement autour du jaune et l'enveloppera, si bien que l'œuf reprendra sa forme première.

Pour un bel œuf poché, le blanc doit être entièrement coagulé et le jaune rester liquide.

Versez 5 cl de vinaigre d'alcool par litre d'eau dans une grande casserole. Surtout, ne salez pas, car le sel liquéfie l'albumine du blanc d'œuf. Portez à petite ébullition. Pendant ce temps, cassez vos œufs, sans crever les jaunes, dans un ramequin, c'est la façon la plus sûre. Lorsque l'eau est frémissante, et non bouillante, placez le ramequin juste au-dessus de l'eau et faites basculer l'œuf. Ne préparez pas plus de 3 ou 4 œufs à la fois et agissez vite, sinon le premier œuf sera trop cuit quand le dernier commencera à peine à coaguler. L'œuf tombe dans l'eau vinaigrée d'autant plus doucement qu'on l'a versé de moins haut, le blanc va se coaguler en s'étirant. Avec une écumoire, ramenez le blanc sur le jaune de façon à bien l'envelopper. Laissez cuire 3 minutes. Tâtez-les doucement hors de l'eau pour vérifier s'ils sont moelleux. En fin de cuisson, toujours avec l'écumoire, sortez-les et trempez-les immédiatement dans de l'eau froide additionnée de glaçons pour stopper la cuisson. Lorsqu'ils sont froids, égouttez-les et coupez les filaments pour obtenir un œuf esthétique.

Selon la recette, servez-les froids ou chauds. Pour les réchauffer trempez les œufs 2 ou 3 secondes dans de l'eau frémissante, salée cette fois, puisque le blanc est cuit.

POMMES DE TERRE
DES VENDANGEURS

C'est en Bourgogne, terre de crus prestigieux, que les vendangeurs, avant de partir dans les vignes, préparaient dans un récipient en fonte ce plat roboratif. Arrivés sur place, ils faisaient un feu de sarments et, pendant qu'ils vendangeaient, les pommes de terre au lard cuisaient, recouvertes de braises chaudes.

POUR 6 PERSONNES

1,2 kg de pommes de terre (BF 15)
200 g de poitrine fumée
en tranches très minces
150 g de poitrine demi-sel
en tranches très minces

100 g de gruyère
fraîchement râpé
60 g de beurre
poivre

 une cocotte en fonte ou en cuivre allant au four

1. Épluchez les pommes de terre, émincez-les en rondelles de 3 mm d'épaisseur, lavez-les et essuyez-les avec un torchon. Préchauffez le four à 210 °C (thermostat 7).

2. Avec un pinceau, beurrez l'intérieur d'un récipient en fonte ou en cuivre.

3. Tapissez le fond et les parois de tranches très minces de poitrine fumée en les faisant déborder à l'extérieur du récipient.

4. Disposez par couches successives les pommes de terre, le gruyère râpé et la poitrine demi-sel. Poivrez sans saler. Recommencez 2 fois cette opération. Rabattez les tranches de poitrine fumée sur les pommes de terre. Parsemez le tout du reste de beurre en noisettes. Recouvrez d'une feuille d'aluminium et d'un couvercle.

5. Mettez au four. Faites cuire 1 heure 30. Tassez le tout à l'aide d'une écumoire. Retirez la cocotte du four et laissez reposer 15 minutes hors du feu.

6. Passez une lame de couteau tout autour pour bien décoller la poitrine fumée du récipient. Démoulez sur un plat de service. Servez. L'accompagnement idéal de ce succulent et rustique gâteau de pommes de terre est un poulet rôti, un gigot d'agneau ou une côte de bœuf.

UN AGRÉABLE LADOIX ROUGE

Avec ce délicieux plat, une bonne salade verte s'impose.

TARTE
AUX POMMES DE TERRE

É légante et délicieuse, cette chaleureuse tarte aux pommes de terre relevée de lardons et de civette, sent bon le terroir. Elle peut se suffire à elle-même, accompagnée d'une salade verte assaisonnée de vinaigrette à l'ail.

POUR 6 À 8 PERSONNES

1 kg de pommes de terre à chair ferme	*sel de mer, poivre*
(BF 15, Ratte)	***Pour la pâte brisée :***
80 g de saindoux	*100 g de beurre*
150 g de lardons de poitrine	*300 g de farine*
2 oignons moyens	*1 jaune d'œuf*
1 verre de crème fraîche	*1 pincée de sel de mer*
2 jaunes d'œufs	*1/2 verre d'eau*
2 c. à soupe de civette	

 une tourtière à fond mobile

1. Préparez la pâte brisée : coupez le beurre ramolli en petits morceaux. Sur un plan de travail, faites un puits avec la farine. Versez-y le sel, le jaune d'œuf et l'eau. Mélangez et ajoutez le beurre sans travailler la pâte.

2. Mettez en boule et laissez reposer 1 heure au réfrigérateur. Au bout de ce temps, étalez-la au rouleau à pâtisserie sur une épaisseur de 5 mm. Pliez la pâte en 3, à deux reprises, jusqu'à ce qu'elle devienne souple et lisse.

3. Préchauffez le four à 180 °C (thermostat 6). Beurrez la tourtière et foncez-la de pâte brisée. Mettez-la au frais en attente. Pelez et émincez les oignons. Lavez et ciselez la civette. Faites blanchir les lardons.

4. Pelez et coupez les pommes de terre en petits dés. Dans une sauteuse, faites-les sauter avec le saindoux, pendant 8 minutes. Ajoutez les lardons blanchis et les oignons ; salez et poivrez. Faites sauter plusieurs fois. Retirez du feu et posez un couvercle sur la sauteuse.

5. À part, mélangez la crème fraîche avec les jaunes d'œufs. Incorporez ce mélange aux pommes de terre, avec la civette ciselée. Versez cette préparation dans la tourtière de pâte et enfournez.

6. Mettez à cuire à four moyen (180 °C, thermostat 6), pendant 20 minutes, jusqu'à cuisson complète des pommes de terre et jusqu'à ce que la surface de la tarte soit gratinée. Couvrez au besoin d'une feuille d'aluminium si le four rayonne trop.

Chaque fois que vous préparez une pâte à base de farine, il est toujours conseillé de laisser le mélange reposer environ 1 heure avant de l'utiliser. En effet, lorsque la farine est mélangée à un liquide, elle commence à « travailler ». En lui laissant un certain temps de repos, vous obtenez une pâte plus homogène qui rétrécit moins à la cuisson.

Le saindoux, avec lequel on fait revenir les pommes de terre dans cette recette, est plus souvent utilisé pour la cuisine industrielle que domestique. Pourtant, il supporte mieux les températures élevées que le beurre, qui noircit et devient indigeste au-delà de 130 °C. Il contient en général autant d'acides gras saturés qu'insaturés, ce qui le rend également plus intéressant que le beurre, qui contient surtout des acides gras saturés. Le saindoux gagne à être mieux connu.

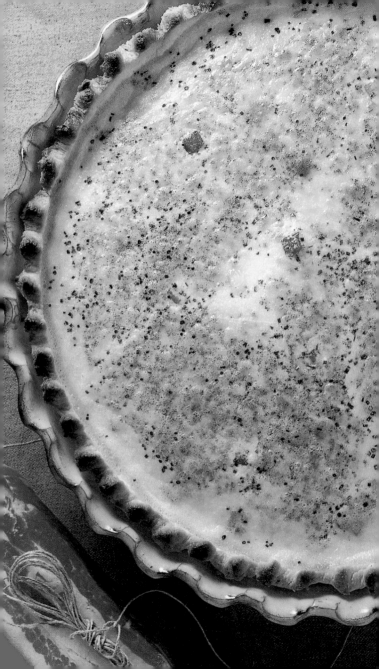

LA TRUFFADO
OU TRUFFADE

Préparation populaire de la pomme de terre dans les campagnes d'Auvergne et du Limousin en association avec la tomme fraîche de Cantal.

POUR 4 À 5 PERSONNES

1 kg de pommes de terre
(BF 15, Charlotte)
150 g de lard de poitrine
150 g de saindoux

1 gousse d'ail
250 g de tomme fraîche
sel de mer, poivre

1. Épluchez les pommes de terre. Coupez-les en rondelles de 3 mm d'épaisseur, lavez-les, égouttez-les et séchez-les sur un torchon. Pelez et écrasez la gousse d'ail.

2. Taillez le lard de poitrine en fins lardons. Faites-les blanchir en les plongeant quelques instants dans l'eau bouillante et égouttez-les. Faites-les dorer légèrement à la poêle avec 20 g de saindoux, égouttez-les et mettez en attente. Coupez la tomme fraîche en petits cubes et mettez-les en attente.

3. Dans une poêle, mettez 100 g de saindoux, laissez chauffer et ajoutez les pommes de terre. Salez et poivrez. Complétez par la gousse d'ail écrasée, puis ajoutez les lardons. Faites sauter ainsi le tout à feu modéré pendant 20 minutes, pour cuire et dorer légèrement les pommes.

4. Au dernier moment, ajoutez le surplus de graisse et les cubes de tomme fraîche. Répartissez-les le mieux possible en faisant sauter 3 ou 4 fois les pommes de terre, de façon à ce que la tomme fonde à la chaleur des pommes de terre. Laissez colorer légèrement le fond et démoulez sur un plat de service.

UN CÔTES D'AUVERGNE ROUGE

Vous pouvez servir la truffade en garniture d'une pièce de viande mais aussi comme plat unique accompagné d'une salade verte.

LES GARNITURES

L'ALIGOT

Ce plat, tout à fait typique de l'Auvergne pastorale et merveilleuse, accompagne souvent la grillade de porc ou la saucisse grillée. Traditionnellement, il se prépare en été, dans les burons où les bergers fabriquent le Cantal.

POUR 5 À 6 PERSONNES

1,5 kg de pommes de terre à purée   *40 cl de crème fraîche épaisse*
(BF 15, Bintje)   *300 g de tomme grasse*
1 gousse d'ail   *gros sel de mer, poivre*
250 g de beurre

 un moulin à légumes – une grande cocotte en fonte

1. Épluchez les pommes de terre. Faites-les cuire à l'eau salée pendant 30 minutes. Pelez et pilez la gousse d'ail. Coupez la tomme grasse en petits cubes et mettez-les en réserve.

2. Dès que les pommes de terre sont cuites, égouttez-les et faites-les sécher à l'entrée du four. Passez-les alors à la grille fine du moulin à légumes de façon à obtenir une purée bien sèche.

3. Dans une cocotte en fonte, versez la purée et incorporez-y la gousse d'ail écrasée. Détendez la purée à la spatule de bois avec le beurre et la crème fraîche. Maintenez la purée bien chaude sur feu doux.

4. Versez dans la purée les cubes de tomme en pluie, en remuant constamment 10 à 15 minutes à plein feu, afin d'obtenir une purée qui file : c'est la qualité d'un aligot. Salez et poivrez.

5. Servez l'aligot sur la table dans la cocotte. Vous pouvez accompagner l'aligot de rondelles de pain dorées au four, préalablement frottées à l'ail suivant la gourmandise de chacun.

LA FARCIDURE
DE POMMES DE TERRE

Dans le Limousin, la farcidure de pommes de terre se sert avec l'andouille. Mais, avec des saucisses poêlées ou des chipolatas, elle fera le régal des enfants.

POUR 4 À 5 PERSONNES

1 kg de pommes de terre	*1 blanc de poireau*
(BF 15, Eersteling)	*2 c. à soupe de farine*
1 gousse d'ail	*2 œufs*
2 c. à soupe de persil plat haché	*100 g de lardons de lard gras*
2 ou 3 feuilles d'oseille	*sel de mer, poivre*

1. Choisissez de belles pommes de terre, épluchez-les, râpez-les, salez-les légèrement et faites-les égoutter en passoire pour les faire dégorger.

1. Pelez la gousse d'ail et réduisez-la en purée ; lavez et hachez le persil ; lavez et ciselez les feuilles d'oseille ; lavez soigneusement le blanc de poireau et émincez-le. Mélangez tous ces ingrédients avec les pommes râpées, en ajoutant la farine et les œufs entiers. Salez et poivrez.

3. Faites de cet appareil des boulettes grosses comme une petite pomme-fruit. Enfoncez dans chacune d'elles 3 lardons de lard gras. Plongez la farcidure dans de l'eau bouillante salée et faites pocher pendant 1 heure. Égouttez les boulettes et servez.

LE CLAFOUTIS PICARD

De toutes nos provinces, la Picardie est peut-être celle qui a le mieux conservé son dialecte et ses mets populaires. Les légumes verts y sont à l'honneur. Montdidier, patrie de Parmentier, lui devait bien d'élever sa statue.

POUR 5 À 6 PERSONNES

500 g de pommes de terre (BF 15)	*40 g de mie de pain de mie*
2 pommes fruits	*100 g de beurre*
2 tranches de pain d'épice	*cannelle*
3 œufs	*muscade*
4 c. à soupe de crème fraîche	*sel de mer, poivre*

un plat allant au four

1. Épluchez les pommes de terre, lavez-les et émincez-les finement. Faites de même avec les pommes fruits. Coupez en tout petits cubes les tranches de pain d'épice. Mélangez les 2 sortes de pommes et le pain d'épice. Salez et poivrez. Relevez de noix de muscade râpée et d'une trace de cannelle.

2. Préchauffez le four à 150 °C (thermostat 5). Beurrez un plat à four. Étalez soigneusement le mélange pommes/pain d'épice dans le plat.

3. Dans un bol, mélangez les œufs et la crème fraîche. Recouvrez la préparation de ce mélange. Saupoudrez le plat de mie de pain de mie réduite en miettes. Parsemez le tout de quelques noisettes de beurre et enfournez. Faites cuire à four doux (150 °C, thermostat 5), pendant une bonne heure, afin d'assurer une croûte uniforme à ce clafoutis.

LE FARÇON DE BRESSE

L a Bresse est réputée pour les excellentes volailles qu'on y
élève et qui, à juste titre, sont très prisées des gourmets du
monde entier. Ce gratin savoureux, crémeux, est l'accompagnement idéal d'un poulet rôti, doré à croquer.

POUR 6 PERSONNES ENVIRON

1 kg de pommes de terre	2 verres de crème fraîche
(Charlotte, Belle de Fontenay)	3 jaunes d'œufs
2 blancs de poireaux	2 œufs
1 oignon moyen	150 g de gruyère
2 gousses d'ail	2 c. à soupe de persil plat haché
150 g de beurre	sel de mer, poivre

un pilon percé

1. Préparez les ingrédients pour le bouillon de cuisson des
pommes de terre : lavez les blancs de poireaux, pelez et émincez
l'oignon, pelez les gousses d'ail. Mettez le tout en réserve.

2. Épluchez et lavez les pommes de terre. Mettez-les entières dans
une casserole et recouvrez-les d'eau froide. Salez à raison de 10 g
de sel par litre d'eau. Ajoutez les blancs de poireaux, l'oignon et
les gousses d'ail. Portez à ébullition et faites cuire en émulsion
pendant 20 à 30 minutes.

3. Après la cuisson, égouttez le contenu de la casserole. Remettez
les pommes et la garniture dans l'ustensile de cuisson et écrasez
l'ensemble au pilon percé.

4. Incorporez ensuite le beurre froid en morceaux, un bon verre
de crème fraîche, les jaunes et les œufs. Mélangez bien.
Complétez avec 100 g de gruyère et le persil haché fin. Vérifiez
l'assaisonnement qui doit être suffisamment relevé.

5. Dressez la purée dans un plat et ondulez-en la surface à la
palette. Recouvrez d'une fine couche du reste de crème fraîche et
du gruyère frais râpé. Mettez au four chaud (210 °C, thermostat 7),
pendant 15 minutes.

*Le pilon percé en inox reste encore l'un des meilleurs ustensiles
ménagers pour réduire rapidement en purée, dans la casserole de
cuisson, les légumes ou les fruits sans en altérer la fécule, ce qui fait
corder (rendre collante et dure) les pommes de terre. C'est pour cette
raison que, en cuisine professionnelle, on écrase au pilon sur un tamis
en tapotant par petits coups répétés et non par des glissades, qui cordent
les meilleures pommes de terre farineuses.*

GALETTE
DE POMMES DE TERRE

M oelleuse à l'intérieur, légèrement croustillante à l'extérieur, cette élégante galette dorée présente l'avantage d'être facile à faire. Vous pouvez aussi cuire la préparation dans des moules à tartelettes individuels à revêtement antiadhésif qui offrent une présentation encore plus raffinée.

POUR 4 À 5 PERSONNES

1 kg de pommes de terre (Eersteling)	*2 c. à soupe de crème double*
120 g de farine	*100 g de beurre*
+ 1 c. à soupe pour le moule	*muscade*
2 œufs	*sel de mer, poivre*

⌐ un tamis ou un moulin à légumes – un moule à tarte à fond mobile ⌐

1. Lavez et faites cuire les pommes de terre en peau à la vapeur pendant 40 minutes.

2. Préchauffez le four à 210 °C (thermostat 7).

3. Quand les pommes de terre sont cuites, égouttez-les et épluchez-les. Passez-les ensuite au tamis ou au moulin à légumes au-dessus d'une terrine.

4. Ajoutez alors 80 g de farine, 1 œuf et la crème double. Salez et poivrez. Assaisonnez d'une pointe de muscade râpée.

5. Rassemblez cette préparation en boule, comme pour une pâte à tarte. Farinez un plan de travail et étalez la pâte au diamètre du moule.

6. Battez l'œuf restant dans un bol et ajoutez un peu de sel. Beurrez le moule à tarte avec 10 g de beurre et farinez-le légèrement. Secouez le moule pour éliminer l'excès de farine. Disposez-y la pâte de pommes de terre. Avec un pinceau, badigeonnez la pâte avec l'œuf battu et rayez cette galette à l'aide d'une fourchette trempée dans de l'eau. Parsemez de quelques noisettes de beurre et enfournez.

7. Faites dorer à four chaud (210 °C, thermostat 7), pendant 8 minutes. Démoulez la galette et servez dans un plat de service.

Démoulez sans problème. Il n'y a rien de plus décourageant, quand on a préparé une délicieuse préparation à base de farine, comme cette recette ou un gâteau, que de voir la pâte rester à moitié collée au moule. N'oubliez jamais de bien beurrer vos moules, puis saupoudrez-les légèrement de farine : la pâte ne collera pas aux parois, même là où le beurre aura laissé des «trous».

GALETTES
DE POMMES DE TERRE
À LA GRECQUE

C ette excellente recette, très marquée par son assaisonnement bien relevé et exotique, bouscule un peu nos habitudes dans le domaine des préparations de pommes de terre.

POUR 5 À 6 PERSONNES

1 kg de pommes de terre (BF 15)	*150 g de raisins de Corinthe*
1 branche de fenouil	*1 œuf*
2 c. à soupe de curry	*quelques graines de cumin*
250 g de beurre	*gros sel*
200 g de farine	*sel de mer, poivre*

⚬ un pilon à trous ⚬

1. Épluchez et lavez les pommes de terre. Lavez la branche de fenouil et mettez-la dans la casserole d'eau de cuisson des pommes de terre, ainsi qu'une cuillerée de curry et du sel. Faites cuire vivement les pommes de terre, pendant 25 minutes.

2. Préchauffez le four à 180 °C (thermostat 6). Lavez les raisins de Corinthe et égouttez-les. Au terme de leur cuisson, égouttez les pommes de terre. Pilez-les en casserole au pilon. Ajoutez 150 g de beurre et incorporez, graduellement, la farine en terminant le mélange sur une table farinée.

3. Reprenez encore un peu de curry dans le pétrissage et ajoutez les petits raisins de Corinthe. Vérifiez l'assaisonnement en sel et poivre. Étalez l'appareil au rouleau comme une pâte sablée et découpez des disques du diamètre d'un verre.

4. Beurrez et farinez la plaque du four et déposez-y les galettes de pommes de terre. Faites fondre le reste du beurre dans une petite casserole en prenant garde qu'il ne colore pas. Beurrez-en alors les galettes à l'aide d'un pinceau et, après l'absorption, dorez-les à l'œuf battu. Parsemez sur chacune d'elles quelques graines de cumin et quelques grains de gros sel.

5. Enfournez et faites cuire à bon four (180 °C, thermostat 6), pendant 8 minutes. Retournez les galettes pour colorer l'autre face si nécessaire. Dressez sur plat et servez bien chaud.

Ces galettes de pommes de terre peuvent accompagner un rôti de porc ou un gibier. Vous pouvez aussi les servir pour un repas léger en les accompagnant d'une salade verte.

GALETTES
DE POMMES DE TERRE
À LA MODE DE BAYREUTH

Avec la choucroute, la pomme de terre est l'élément de base de la cuisine populaire allemande. Les manières de les accommoder sont nombreuses, telle cette plaisante façon à la mode de Bayreuth, centre international de l'opéra wagnérien. Ces galettes de pommes de terre peuvent accompagner un rôti de viande. Vous pouvez aussi les servir pour un repas léger en les accompagnant d'une salade de votre choix.

POUR 2 À 3 PERSONNES

500 g de pommes de terre	4 c. à soupe de lait
(Eersteling)	3 cl d'huile
1 grosse c. à soupe de semoule	cannelle
1 c. à soupe de farine	sel de mer, poivre

 un tamis ou un moulin à légumes

1. Faites cuire les pommes de terre à la peau à la vapeur, pendant 40 minutes.

2. Quand elles sont cuites, égouttez-les et laissez-les refroidir. Pelez-les bien refroidies et passez-les au tamis ou au moulin à légumes au-dessus d'une terrine.

3. Ajoutez la semoule et la farine aux pommes de terre écrasées et mélangez le tout à la spatule. Détendez l'appareil avec le lait chaud. Salez et poivrez. Vous pouvez compléter par une pointe de cannelle.

4. Dans une poêle, versez un petit peu d'huile et faites-la chauffer modérément. Versez-y un peu de la préparation de manière à faire d'épaisses galettes. Faites-les cuire pendant 4 minutes de chaque côté, en les retournant comme des crêpes, pour qu'elles soient bien dorées des 2 côtés.

5. Débarrassez sur un plat de service et servez.

La cuisson des pommes de terre : la pomme de terre est cuite quand on y plonge un couteau et que la lame ressort seule, sans rester collée.

GRATIN
DE POMMES ET POIREAUX
AU CINQ-ÉPICES

L'accord parfait entre les pommes de terre et les poireaux est cette fois renforcé par l'apport du cinq-épices. La crème sert de support à la saveur et donne le moelleux nécessaire.

POUR 4 PERSONNES

8 pommes de terre nouvelles moyennes
(Charlotte, Belle de Fontenay)
100 g de poireau
40 g de beurre

200 g de crème fraîche
cinq-épices
sel de mer, poivre

 4 moules à gratin individuels

1. Épluchez les pommes de terre, coupez-les en fines lamelles et mettez-les en réserve.

2. Lavez et taillez le poireau en fine julienne. Faites fondre le beurre dans une casserole et versez-y la julienne de poireau. Salez et poivrez. Faites-la cuire à couvert, pendant 10 minutes, en prenant garde qu'elle ne prenne pas de coloration.

3. Préchauffez le four à 120 °C (thermostat 4). Beurrez 4 moules à gratin individuels. Versez la crème fraîche dans une terrine, salez, poivrez et mélangez.

4. Dans chaque moule à gratin, disposez une couche de lamelles de pommes de terre puis de julienne de poireau et saupoudrez de cinq-épices. Versez la crème fraîche assaisonnée à hauteur. Renouvelez l'opération deux fois.

5. Déposez les moules à gratin dans un récipient allant au four, remplissez-le d'eau à mi-hauteur et enfournez. Faites cuire ces gratins au bain-marie, à four doux, pendant 45 minutes environ. Vous pouvez également réaliser cette recette dans un plat à gratin pour plusieurs personnes.

En général, je prépare moi-même mon cinq-épices. Je choisis la meilleure qualité d'épices que je puisse trouver et je les réduis en poudre, ce que vous pouvez réaliser vous-même dans un mini-hachoir ou un moulin à café électrique.
Mon mélange d'épices :
– 1 c. à soupe de gingembre ;
– 1 c. à thé de clou de girofle ;

– *1 c. à thé de graines de fenouil ;*
– *1 c. à thé de poivre de Setchouan ;*
– *1 c. à thé de cannelle.*
Mélangez tous les ingrédients dans un petit bol et conservez-les peu de temps dans une boîte hermétique.

Entre le gingembre, qui exhausse le goût, le clou de girofle, qui aseptise et conserve, le poivre, qui ouvre l'appétit, la cannelle et le fenouil, qui contribuent à l'arôme, tant sur le plan gastronomique que diététique, la pomme de terre et le poireau voient leurs qualités organoleptiques exaltées, tandis que la digestion s'en trouve facilitée. Miracle du cinq-épices, miracle également de la pomme de terre, complice dévouée de toutes les manipulations culinaires.

PÂTÉ
DE POMMES DE TERRE
SOLOGNOT

D élicieux plat typique du centre de la France et du pays de *Raboliot* de Maurice Genevoix, qui évoque le terroir.

POUR 4 À 6 PERSONNES ET PLUS

1 kg de pommes de terre	1 œuf
(BF 15, Charlotte)	sel de mer, poivre
30 g de beurre	*Pour la pâte brisée :*
1 blanc de poireau	100 g de beurre
1 oignon moyen	300 g de farine tamisée
200 g de lard de poitrine salée	1 jaune d'œuf
1 c. à soupe de ciboulette	1 pincée de sel de mer
20 cl de crème fraîche	1/2 verre d'eau

 une tourtière à fond mobile – un pinceau à pâtisserie

1. Préparez la pâte brisée : coupez le beurre ramolli en petits morceaux. Sur un plan de travail, faites un puits avec la farine. Versez-y le sel, le jaune d'œuf et l'eau. Mélangez et ajoutez le beurre sans travailler la pâte. Mettez en boule et laissez reposer 1 heure. Au bout de ce temps, étalez-la au rouleau à pâtisserie sur une épaisseur de 5 mm. Pliez la pâte en 3 à deux reprises, jusqu'à ce qu'elle devienne souple et lisse.

2. Beurrez la tourtière et foncez de pâte brisée en laissant les bords rabattus à l'extérieur. Réservez-en une partie pour faire un couvercle.

3. Lavez et émincez le blanc de poireau. Pelez et hachez l'oignon. Taillez le lard de poitrine salée en petits lardons, faites-les blanchir quelques minutes à l'eau bouillante et égouttez-les. Épluchez et émincez les pommes de terre en fines tranches. Lavez-les, égouttez-les et séchez-les sur un linge. Lavez la ciboulette et ciselez-la. Dans un bol, cassez l'œuf et battez-le à la fourchette avec quelques gouttes d'eau. Mettez tous ces éléments en réserve.

4. Dans un petit ustensile bas (sauteuse par exemple), faites suer 4 minutes au beurre les lardons et les légumes.

5. Dans une terrine, mélangez les pommes de terre, la garniture de lardons et de légumes et la ciboulette ciselée. Salez et poivrez. Préchauffez le four à 170-180 °C (thermostat 6).

6. Remplissez la tourtière avec la préparation aux pommes de terre. À l'aide d'un pinceau, badigeonnez le pourtour avec l'œuf battu et coiffez la tourte d'un disque de même pâte ; soudez les bords avec les doigts et, à l'extérieur, coupez le pourtour à 5 mm du couvercle. Dorez la pâte avec le restant d'œuf. Avec la pointe d'un petit couteau, formez au centre un disque de 6 à 8 cm par une fine incision de 1 mm de profondeur. Entre le disque et le cercle, faites un décor à votre goût avec la pointe du couteau et piquez à la fourchette cette partie de pâte.

7. Enfournez et laissez cuire le pâté à four moyen, 170-180 °C (thermostat 6), pendant 45 minutes, en surveillant toutefois. Sondez les pommes de terre avec une aiguille ou la pointe du couteau, pour vous assurer de la cuisson.

8. Faites bouillir la crème fraîche dans une casserole. À la sortie du four, découpez un couvercle en suivant l'incision du disque de 6 à 8 cm, et arrosez les pommes de terre avec la crème fraîche bouillante, de manière à ce que les pommes de terre s'en imprègnent bien. Remettez le couvercle.

9. Démoulez et dressez sur un plat pour le service.

Où trouve-t-on le sel ? Dans la mer, bien sûr, et dans le sol à partir de gisements de sel gemme que les mers desséchées ont laissés à l'intérieur des terres. On extrait le sel des mines, soit à l'état solide de minerai, soit en saumure saturée par l'eau douce, injectée ou par des eaux d'infiltration. Quant au sel de mer d'origine plus séduisante et apprécié pour sa merveilleuse pointe iodée, il est récolté dans les marais salants. Après une admission progressive dans les bassins d'évaporation artificiels, l'eau de mer parcourt un long trajet. Durant l'été, l'eau s'évapore, laissant le sel se déposer. On récupère alors ce fruit naturel de la mer, du soleil et du vent. La merveille reste la fleur cristalline, légère, cueillie à fleur d'eau par les paludiers. Le sel de Guérande est très prisé pour son bon goût incomparable et son parfum délicat de violette.

POMMES
ET ARTICHAUTS SAUTÉS
AUX AMANDES

C ette garniture originale offre une palette de saveurs agréables pour escorter toutes les viandes et les volailles.

POUR 4 À 6 PERSONNES

500 g de pommes de terre	15 cl d'huile d'olive
(Ratte ou BF 15)	200 g d'amandes effilées
4 fonds d'artichauts crus	4 branches de céleri
le jus d'1 citron	sel de mer, poivre

1. Lavez et épluchez les pommes de terre et taillez-les en petits dés de 3 mm de côté. Préparez, d'autre part, les fonds d'artichauts crus, émincez-les finement et citronnez-les légèrement.

2. Dans une sauteuse ou une poêle, faites sauter dans 10 cl d'huile d'olive chaude les pommes de terre et les fonds d'artichauts mélangés ; salez et poivrez. Couvrez, pour obtenir des pommes moelleuses. Baissez le feu et laissez cuire 25 minutes en secouant de temps en temps la poêle ou la sauteuse, afin que les légumes soient bien dorés et n'attachent pas. Débarrassez le tout dans un plat chaud.

3. Reprenez la sauteuse ou la poêle et, avec l'huile d'olive restante, faites sauter à couleur noisette les amandes effilées. Salez-les légèrement. Mélangez, dans le plat, les amandes avec les pommes de terres et les artichauts.

4. Nettoyez les branches de céleri, effilez-les et taillez-les en julienne. Garnissez le plat de cette julienne et servez.

Grâce à l'huile d'olive, le produit le plus banal prend des accents ensoleillés, le mets le plus raffiné se pare d'arômes chaleureux. Comme toutes les huiles, elle est un merveilleux réceptacle de parfums, mais c'est elle qui se prête le mieux à cette osmose.

Les pommes de terre à chair ferme (Ratte, BF 15, Charlotte, Belle de Fontenay, Roseval, Nicola...), dont le contenu en matière sèche est moins important que les pommes de terre de consommation courante (Bintje), ont une meilleure tenue sautées à la poêle et conservent plus facilement leurs qualités nutritionnelles, d'où l'intérêt de leur emploi dans ce type de recette.

POMMES DE TERRE
EN BÉCHAMEL

C'est la garniture du bœuf gros sel ou des œufs durs.

POUR 5 À 6 PERSONNES

1,5 kg de pommes de terre à chair ferme	*muscade*
(BF 15, Ratte)	*sel de mer, poivre*
le jus d'1/2 citron	***Pour la sauce béchamel :***
1 c. à café de paprika	*60 g de beurre*
sauce Worcestershire	*60 g de farine*
1 c. à soupe de ciboulette ciselée	*1 l de lait*
1 c. à soupe de fenouil vert ou aneth	*1/4 l de crème fraîche*

1. Lavez et faites cuire à l'eau salée les pommes de terre pendant 25 à 30 minutes. Quand elles sont cuites, égouttez-les, pelez-les et coupez-les en grosses rondelles quand elles sont encore chaudes. Mettez-les dans une casserole en réserve.

2. Lavez la ciboulette, le fenouil vert ou l'aneth. Hachez ces éléments très finement.

3. Préparez 1 litre de sauce béchamel : faites fondre le beurre dans une casserole et ajoutez la farine. Tournez énergiquement à feu vif de façon à obtenir un roux blanc. Mouillez petit à petit avec le lait froid et faites cuire quelques minutes. Passez la sauce au chinois sur les pommes de terre, et ajoutez la crème fraîche. Donnez une ébullition et retirez du feu.

4. Ajoutez alors le jus de citron, le paprika, le sel, le poivre, la muscade râpée, quelques traits de sauce Worcestershire, la ciboulette ciselée et le fenouil vert ou l'aneth, en mélangeant soigneusement.

5. Versez le tout dans un plat et servez.

La cuisine nouvelle a condamné la « béchamel » sans appel, alors que la cuisine traditionnelle la mettait allégrement à toutes les sauces. Elle ne mérite pourtant ni cet excès d'honneur ni cette indignité. On l'a rejetée d'abord au nom de la diététique : il est vrai que, mal réalisée, elle peut être lourde, difficile à digérer. En raison de son goût ensuite, mais c'est aussi une question de technique.

En dépit de tous ces préjudices, j'aime ces pommes enrobées d'une onctueuse sauce béchamel, que ma mère cuisinait pour le régal de toute la famille.

POMMES DE TERRE
BYRON

C ette préparation est un peu plus compliquée que les pommes Macaire, mais la touche de crème fraîche supplémentaire et le gruyère apportent un complément exquis à cette garniture de viande rôtie.

POUR 4 À 5 PERSONNES

10 cl de crème fraîche	*2 c. à soupe de crème épaisse*
80 g de gruyère râpé	*80 g de beurre clarifié*
Pour les pommes Macaire :	*ou 80 g de graisse d'oie*
1,2 kg environ de pommes de terre	*muscade*
(BF 15, Bintje)	*sel de mer, poivre*
200 g de beurre	

👄 poêles à blinis 👄

1. Préparez les pommes de terre comme pour les *Pommes Macaire* (voir page 158).

2. Faites préchauffer le gril du four.

3. Dans des poêles à blinis, faites fondre le beurre ou la graisse d'oie. Façonnez de petites galettes individuelles à même la poêle et faites bien dorer de chaque côté, pendant 3 minutes. Mettez les galettes en réserve au chaud.

4. Rangez les petites galettes sur un plat de service. Faites bouillir la crème fraîche dans une casserole. Arrosez-en, encore bouillante, les galettes à l'aide d'une cuiller. Saupoudrez-les alors du gruyère râpé et faites-les glacer au four entrouvert et mis sur la position gril, pendant 4 à 5 minutes. Servez.

Vous pouvez faire deux galettes dans deux poêles moyennes ou une seule dans une grande poêle, mais elle est alors beaucoup plus difficile à retourner.

POMMES DE TERRE
BOULANGÈRES

J adis, on avait coutume de cuire cette goûteuse préparation
de pommes de terre autour d'une pièce de viande, telle
une épaule d'agneau ou un rôti de porc, dans le four du boulanger. Les pommes de terre étaient alors gorgées des sucs de la
viande.

POUR 4 À 6 PERSONNES

1 kg de pommes de terre (BF 15)	*50 cl de bouillon de volaille*
5 oignons moyens	*2 bouquets garnis à dominante de thym*
1 gousse d'ail	*+ laurier et queues de persil*
150 g de beurre	*sel de mer, poivre*

🍲 une sauteuse ou une cocotte en fonte 🍲
un grand plat allant au four en terre, en porcelaine ou en verre

1. Épluchez et émincez les pommes de terre en tranches de 2 à
3 mm environ. Lavez-les et égouttez-les bien. Pelez et émincez
finement les oignons. Pelez et écrasez la gousse d'ail. Passez sous
l'eau les éléments des bouquets garnis et nouez-les avec du fil de
cuisine pour en obtenir 2.

2. Dans une sauteuse ou cocotte en fonte, mettez les 3/4 du
beurre à feu moyen ; ajoutez les oignons, mélangez-les à la cuiller
de bois. Lorsque les oignons seront transparents et blonds, au
bout de 8 minutes environ, ajoutez la gousse d'ail écrasée et les
pommes de terre. Salez et poivrez. Mélangez bien l'ensemble.

3. Débarrassez dans un plat, en terre de préférence, en porcelaine
ou en verre à feu. Lissez bien la surface avec une spatule.
Enfoncez un bouquet garni à chaque bout. Préchauffez le four à
210 °C (thermostat 7).

4. Faites chauffer le bouillon. À l'ébullition, versez-le sur la préparation de pommes de terre. Parsemez du reste de beurre en
noisettes.

5. Enfournez et mettez à cuire dans le four, à 210 °C (thermostat 7), pendant 1 heure à 1 heure 30. Les pommes de terre
doivent être moelleuses et avoir absorbé presque tout le liquide,
le dessus étant bien doré.

6. Au moment de servir, retirez les bouquets garnis et servez dans
le plat de cuisson.

POMMES AUX CIBOULETTES

I l n'y a pas si longtemps, je servais ces pommes de terre, simplement préparées, en accompagnement d'un filet de bar : elles eurent un vif succès. Nombreux sont mes clients qui en ont sollicité la recette.

POUR 4 PERSONNES

8 pommes de terre Roseval de 30 à 40 g	***Pour le beurre fondu lié :***
4 bonnes pincées de gros sel	*200 g de beurre*
de Guérande	*le jus d'1/2 citron*
2 pincées de poivre blanc concassé	*3 cl d'eau*
4 pincées de ciboulette	*sel de mer fin*

1. Lavez soigneusement les pommes de terre sans les peler et mettez-les dans une casserole. Mouillez à l'eau froide à 2 ou 3 cm au-dessus des légumes. Salez avec 2 bonnes pincées de gros sel et amenez rapidement à ébullition. Laissez cuire doucement à frémissement pendant 25 minutes.

2. Lavez et ciselez la ciboulette. Dans un bol, mélangez le reste du gros sel, le poivre blanc concassé et la ciboulette.

3. Préparez le beurre fondu lié : coupez le beurre très froid en parcelles. Mettez l'eau dans une petite casserole avec 1 pincée de sel fin et le jus de citron. Portez à ébullition. Ajoutez la valeur de 1 cuillerée à soupe de beurre très froid et incorporez-le en fouettant vivement. Quand le beurre est presque totalement fondu, remettez-en environ la même quantité, toujours en fouettant, et ainsi de suite. Quand il ne reste plus que 1/4 de beurre en parcelles, retirez la casserole du feu et incorporez-le. Le mélange ne doit jamais bouillir. Vous obtenez un beurre lié, onctueux, d'un aspect laiteux. Mettez-le en attente dans un bain-marie (à peine) chaud (60 °C environ).

4. Au terme de la cuisson des pommes de terre, égouttez-les, pelez-les et coupez-les en rondelles.

5. Déposez les pommes de terre dans un plat de service en reconstituant leur forme, de façon que les tranches se chevauchent légèrement. Arrosez-les de beurre fondu mis en attente. Parsemez chacune des pommes de terre reconstituée d'une pincée du mélange sel, poivre et ciboulette. Servez.

Le beurre fondu lié est une base qui permet, lorsqu'on en a compris la technique, de réussir certaines sauces comme le beurre blanc. Le beurre fondu convient particulièrement pour les poissons, les asperges, les pommes de terre, etc. On peut en outre l'agrémenter d'herbes hachées : persil, estragon, aneth, etc.

POMMES DE TERRE
AU CARAMEL

S pécialité danoise et garniture obligée de l'oie, du canard rôti, mais également du porc. Préparation simple et agréable à consommer, bien qu'elle bouscule un peu nos habitudes, dans le domaine des préparations de pommes de terre.

POUR 4 À 5 PERSONNES

1 kg de pommes de terre (Ratte)	4 c. à soupe de sucre
100 g de beurre	sel de mer

1. Choisissez des pommes de terre pas trop grosses et bien calibrées. Lavez-les sans les éplucher et plongez-les dans l'eau bouillante salée. Faites-les cuire pendant 25 minutes.

2. Égouttez-les et laissez-les refroidir complètement. Pelez-les, puis mettez-les dans une passoire et faites abondamment couler de l'eau froide dessus. Égouttez-les une nouvelle fois. Mettez-les en attente.

3. Dans une poêle, antiadhésive de préférence, versez le sucre et faites-le fondre avec 1 cuillerée à soupe d'eau à feu modéré, jusqu'à obtenir un caramel blond. Ajoutez ensuite le beurre en mélangeant ce caramel à la cuiller en bois.

4. Jetez alors les pommes de terre dans la poêle et remuez en faisant des mouvements de rotation pour bien enrober les pommes de caramel. Poursuivez la cuisson pendant encore 5 minutes, toujours en remuant.

5. Servez les pommes de terre au caramel bien chaudes dans un plat creux.

Quand vous faites votre marché, souvenez-vous que la peau de la pomme de terre doit être lisse, bien tendue et sa chair ferme. Les blessures, les germes ou les yeux sont des défauts qui nuisent à ses qualités gustatives.

POMMES DE TERRE
AU RAISIN

U ne belle harmonie de parfums pour cette recette qui associe de façon subtile les saveurs des fruits et de la pomme de terre.

POUR 5 À 6 PERSONNES

1 kg de pommes de terre (Ratte)	*1/2 l de bouillon de volaille*
10 cl d'huile	*1 petit bouquet garni*
250 g de poitrine fumée	*1 gousse d'ail*
15 petits oignons	*1 pincée de sucre*
250 g de raisin	*cannelle*
1 bonne c. à soupe de farine	*1 c. à soupe de persil plat haché*
10 cl d'hydromel ou de sirop miellé	*sel de mer, poivre*
le jus d'1 orange	

1. Reprenez la recette des *Pommes de terre compotées aux pruneaux* (voir page 136) en remplaçant les pruneaux par du raisin, épluché, épépiné et mis dans le ragoût seulement 10 minutes avant la fin de la cuisson.

2. Remplacez également le mouillement de vin blanc par de l'hydromel ou bien par un sirop miellé et le jus d'orange. Accommodez bien en sel et poivre, avec une trace de cannelle.

Trois des quatre saveurs fondamentales, le salé, le sucré et l'acide, accompagnent la pomme de terre et exaltent cette qualité naturelle qu'elle a d'entraîner une sensation agréable au palais lors de sa dégustation.

POMMES DE TERRE
COMPOTÉES
AUX PRUNEAUX

L e mélange subtil de salé et de sucré procure une note originale très plaisante à ce plat.

1 kg de pommes de terre (Ratte)	*1/2 l de bouillon de volaille*
10 cl d'huile	*1 petit bouquet garni*
250 g de poitrine fumée	*1 gousse d'ail*
15 petits oignons frais	*1 pincée de sucre*
15 pruneaux dénoyautés	*cannelle*
1 bonne c. à soupe de farine	*1 c. à soupe de persil plat haché*
1 verre de vin blanc	*sel de mer, poivre*

1. Épluchez les pommes de terre, coupez-les en quartiers, lavez-les et égouttez-les. Nettoyez les petits oignons. Lavez les herbes du bouquet garni et nouez-les ensemble. Épluchez et écrasez la gousse d'ail. Lavez et hachez le persil. Lavez les pruneaux.

2. Éliminez éventuellement la couenne de la poitrine fumée et coupez-la en 5 tranches d'1/2 cm d'épaisseur. Détaillez les tranches en petits lardons (bâtonnets de la même épaisseur). Mettez-les dans une casserole, recouvrez-les d'eau froide à 1 cm au-dessus. Dès la première ébullition, égouttez-les.

3. Dans une cocotte ou une sauteuse, faites rissoler à l'huile la poitrine fumée, ajoutez les petits oignons et les pruneaux dénoyautés. Saupoudrez l'ensemble de la farine. Faites cuire 2 à 3 minutes ; évitez la coloration de la farine en remuant constamment à l'aide d'une spatule en bois.

4. Mouillez avec le vin blanc et le bouillon. Ajoutez les pommes de terre, le petit bouquet garni et l'ail. Salez et poivrez. Complétez d'une pincée de sucre et d'une trace de cannelle. Couvrez et faites cuire lentement, 20 minutes.

5. Après la cuisson, vérifiez l'assaisonnement. Retirez le bouquet garni. Dressez en plat creux et saupoudrez du persil haché.

Au même titre que le sel et le poivre, le persil plat, plus parfumé que le frisé, fait partie des ingrédients de base les plus courants, et l'on oublie parfois à quel point il peut métamorphoser un plat très ordinaire. Essayez simplement de ciseler délicatement les feuilles du persil plat avec des ciseaux (au lieu de les hacher). Ajoutez-le en garniture au dernier moment et vous sentirez vite la différence.

POMMES À LA CRÈME

C ette garniture convient parfaitement au poisson.

1 kg de pommes de terre à chair ferme
(Ratte ou BF 15)
1 l de crème liquide fleurette
sel de mer, poivre

Pour la variante :
1 c. à soupe de fenouil vert
1 c. à soupe d'aneth

1. Lavez et mettez à cuire à la peau et à l'eau salée les pommes de terre, pendant 30 à 35 minutes.

2. Dès qu'elles sont cuites, pelez-les et coupez-les en rondelles épaisses de 4 mm.

3. Gardez 4 cuillerées à soupe de crème pour terminer le plat et mettez le restant à bouillir dans une casserole. Pendant ce temps, mettez les rondelles de pommes de terre dans un ustensile bas (sauteuse par exemple) et, dès que la crème est bouillante, versez-la sur les rondelles pour mouiller à hauteur. Assaisonnez d'un peu de sel et de poivre.

4. Réduisez sur feu moyen jusqu'à consistance onctueuse de la crème, en travaillant à la spatule. Au dernier moment, ajoutez 4 cuillerées à soupe de crème crue.

5. Débarrassez sur un plat de service et servez.

Variante : vous pouvez cuire les pommes de terre en ajoutant dans l'eau de cuisson quelques branchettes d'aneth ou de fenouil. Incorporez, au dernier moment, dans l'appareil de pommes de terre et de crème un peu d'aneth ou de fenouil vert haché.
Les puristes souhaitent que la pomme de terre cuite sous la cendre conserve ce duvet gris qui ajoute une saveur crissante à celle de la pelure rôtie. Certains les essuient ou les pèlent, se privant du meilleur. Enveloppée dans une feuille d'aluminium, la chair de la pomme de terre cuite garde plus d'humidité et la peau ne croustille pas.

POMMES DE TERRE
À L'ÉTOUFFÉE

A h! ces pommes de terre à l'étouffée qui embaument la cuisine! Pour moi, ce plat traditionnel, rustique, où toutes les saveurs de légumes sont mises en évidence, symbolise la famille réunie, l'enfance retrouvée, le retour aux sources.

POUR 4 À 5 PERSONNES

1 kg de pommes de terre
(BF 15, Eersteling)
200 g de lard ou de saindoux
1 c. à soupe de persil plat concassé
4 blancs de poireaux
4 navets

1 bouquet garni : queues de persil,
thym, laurier et 1 branche de romarin
quelques baies de genièvre
5 c. à soupe de farine
5 c. à soupe d'eau
sel de mer, poivre

⌁ une cocotte en fonte et son couvercle allant au four ⌁

1. Préchauffez le four à 170 °C (thermostat 6). Si vous utilisez du lard, détaillez-le en dés. Lavez et hachez très finement le bouquet de persil. Mettez ces éléments en réserve.

2. Épluchez les pommes de terre et coupez-les en rondelles épaisses. Lavez les blancs de poireaux et émincez-les en tronçons de 2 cm environ. Épluchez les navets et coupez-les en 4 ou 6 morceaux.

3. Mettez tous ces légumes dans une cocotte en fonte. Ajoutez le brin de romarin et les baies de genièvre. Complétez avec le lard ou le saindoux. Salez et poivrez, mélangez bien.

4. Démarrez la cuisson à feu doux, pendant 5 minutes. Puis, lutez le couvercle d'un bracelet de pâte mollette faite d'un mélange de farine et d'eau. Mettez alors au four (170 °C, thermostat 6), pendant 1 heure.

5. Sortez la cocotte et transvasez le tout dans un plat creux chaud. Retirez le bouquet garni, parsemez le plat de persil concassé, servez.

POMMES EN CROÛTE DE SEL

La cuisson dans une croûte de sel, simple, exquise et specta-
culaire, permet de conserver toute la saveur originale des
pommes de terre et de restituer les parfums des herbes, sans saler
le moins du monde.

POUR 4 PERSONNES

1 kg de pommes de terre	*1 blanc d'œuf*
(Charlotte, Ratte)	*sarriette, thym, fenouil, aneth,*
1 kg de gros sel de mer	*sauge, romarin, menthe,*
2 c. à soupe de farine	*basilic*

1. Lavez les pommes de terre, pelez-les et mettez-les entières en
réserve. Lavez et concassez une généreuse quantité d'herbes aromatiques telles que sarriette, thym, fenouil, aneth, sauge, romarin,
menthe, basilic.

2. Préchauffez le four à 180 °C (thermostat 6). Au gros sel, ajoutez
la farine et le blanc d'œuf, mélangez bien et versez un peu d'eau
si nécessaire. Ajoutez les herbes aromatiques, qui offriront un
parfum de Provence.

3. Tapissez de ce mélange, en couche épaisse, le fond d'un ustensile à feu, cocotte ou terrine à pâtés. Rangez des pommes de terre
sur cette couche et recouvrez-les de pâte à sel en bouchant bien
tous les interstices.

4. Démarrez la cuisson sur feu vif, pendant 3 minutes, puis mettez
à four moyen (180 °C, thermostat 6), pendant 45 minutes.

5. Démoulez le bloc de sel sur un linge. Cassez la croûte pour
libérer les pommes de terre cuites et parfumées. Servez dans un
plat de service.

*Condiment indispensable à la bonne cuisine, le sel est depuis l'Antiquité
une denrée de première nécessité. Il est agent de goût, de saveur et de survie.
Salez au bon moment. Pour une viande rôtie, salez en début de cuisson,
mais surtout en fin de rôtissage : le sel s'imprègne alors à la viande,
comme il se doit. Laissez reposer avant de consommer.*

*Une difficulté facile à éviter : pour obtenir des pommes sautées bien
dorées, non agglutinées, ne les salez pas au début mais en fin de
cuisson.*

*Pour conserver la teinte verte des légumes, il faut les blanchir ou les
pocher dans de l'eau bouillante salée. Comptez 12 g de sel par litre
d'eau. Ne salez qu'au moment où l'eau bout. C'est à ce moment précis
qu'il faut plonger les légumes. L'action du sel permettra d'obtenir l'aspect
chlorophyllien si recherché.*

POMMES DARPHIN
OU PAILLASSON
DE POMMES DE TERRE

C ette préparation, très connue en cuisine de restaurant, se fait entièrement à la poêle. C'est une galette épaisse de pommes de terre, cuite au beurre. On utilise plusieurs dimensions de poêles selon l'inspiration et le besoin de la garniture. Le paillasson accompagne d'ordinaire les volailles grillées.

POUR 4 À 5 PERSONNES

1 kg de pommes de terre   *100 g de beurre*
(Charlotte ou BF 15)   *sel de mer, poivre*

⊏⊐   une poêle allant au four   ⊏⊐

1. Épluchez les pommes de terre, lavez-les et essuyez-les. Taillez-les en julienne fine à l'aide d'un outil spécial, la mandoline, ou bien avec le disque d'un robot coupe. Épongez-les bien sans les laver. Salez-les et poivrez-les.

2. Préchauffez le four à 180 °C (thermostat 6).

3. Dans une petite casserole, faites fondre le beurre. À part, dans un bol ou une terrine, mélangez la julienne de pommes de terre avec le beurre fondu de manière à bien l'enrober. Versez cette préparation dans une poêle pouvant aller au four, faites-la sauter 2 ou 3 fois, puis tassez-la avec une écumoire.

4. Mettez la poêle au four et faites cuire à four moyen (180 °C, thermostat 6). Après 7 ou 8 minutes, à l'aide d'un couvercle, évacuez le surplus de beurre et retournez le paillasson afin qu'il dore de l'autre côté. Retirez la poêle du four après 4 ou 5 minutes. Les pommes de terre doivent être bien cuites mais moelleuses et blondes.

Les pommes rissolées sont une variante des pommes sautées. La technique est semblable, mais on utilise des pommes entières, de très petit calibre (la grenaille) ou bien des plus grosses, coupées en quartiers ou tournées telles les pommes cocottes, les pommes Château, etc. (voir page 60). Avant de les faire rissoler, il vaut mieux les blanchir dans de l'eau froide, sans sel, que l'on porte à ébullition pendant 2 minutes. Égouttez-les sans les refroidir et faites-les cuire dans une sauteuse plutôt que dans une poêle, pour qu'elles restent plus moelleuses. Salez également en fin de cuisson et rajoutez un morceau de beurre cru juste avant de les servir.

POMMES DE TERRE
FARCIES À L'AIL

L a crème d'ail agrémente la pulpe de pommes de terre, relevée de sel de céleri et de ciboulette, et ensoleille cette préparation riche en saveurs. Essayez cette recette au début de l'été avec l'ail nouveau, au goût plus fin et plus subtil.

POUR 6 PERSONNES

6 grosses pommes de terre Bintje	4 c. à soupe de crème fraîche
24 gousses d'ail	3 c. à soupe de ciboulette
150 g de beurre	sel de céleri
2 c. à soupe de farine	muscade
30 cl de lait	sel de mer, poivre

un mixeur

1. Préchauffez le four à 210 °C (thermostat 7).

2. Choisissez des pommes de terre portions bien calibrées. Lavez-les à la peau, piquez-les de place en place avec une fourchette et cernez-les avec la pointe d'un petit couteau pour marquer à cru la découpe d'un couvercle après cuisson. Enveloppez chacune d'elles dans une feuille d'aluminium et mettez à cuire au four pendant 1 heure 30.

3. Pendant ce temps, lavez et ciselez la ciboulette que vous mettez en réserve. Épluchez les gousses d'ail. Coupez-les en 2 et retirez-en le germe. Mettez ensuite les gousses dans une petite casserole, recouvrez d'eau et faites bouillir 2 à 3 minutes. Rafraîchissez-les à l'eau claire et égouttez-les.

4. Remettez les gousses d'ail en casserole avec la moitié du beurre et, à petit feu, casserole couverte, laissez cuire l'ail complètement sans coloration, pendant 15 minutes. Sortez l'ail et versez la farine dans la même casserole pour faire un petit roux blanc. Ajoutez le lait froid en fouettant pour faire une sauce béchamel épaisse. Salez et poivrez.

5. Incorporez l'ail et laissez cuire 3 à 4 minutes. Ajoutez la crème fraîche, portez à ébullition et mixez cette composition pour obtenir la crème d'ail.

6. Une fois les pommes de terre cuites à point, retirez-les de la feuille d'aluminium et levez le couvercle prédécoupé. Sortez délicatement la pulpe à la cuiller et mettez-la dans un plat creux. Écrasez-la parfaitement à la fourchette.

7. Incorporez la pulpe à la crème d'ail en la mélangeant à la spatule. Terminez en beurrant ce mélange avec le reste du beurre. Mettez au point l'assaisonnement avec une pointe de muscade râpée et une touche de sel de céleri. Ajoutez la ciboulette ciselée et mélangez.

8. Garnissez les pommes de terre avec ce mélange et recouvrez-les des couvercles. Posez-les sur la plaque du four et passez-les quelques instants au four, avant de les servir comme garniture d'une volaille ou de toute autre viande rôtie.

Faut-il ou non retirer la petite pousse verte, le germe, située au centre de la gousse d'ail? Il est préférable, pour la rendre plus digeste, de la retirer. Lorsque le germe est retiré, il contribue également à une meilleure conservation des plats que vous voulez garder quelques jours.
Mais l'ail est bien davantage qu'un aromate relevé de cuisine. Aujourd'hui, grâce à des tests cliniques, les propriétés de l'ail, à la fois préventives et curatives, sont reconnues. L'ail améliore la santé, peut faire baisser la tension artérielle, fluidifie le sang et réduit la production de mauvais cholestérol...

POMMES AMANDINE

Une fantaisie de croquettes, tout aussi connue que la recette originale. C'est une garniture légère, moderne et pourtant classique, qui accompagne tous les rôtis de volailles et les viandes blanches. Croquignolette, appétissante, appréciée de tous les gourmets, elle se confond aimablement entre légume et dessert.

POUR 4 À 5 PERSONNES

60 g de farine	*1 œuf entier*
300 g d'amandes effilées	*2 cl d'huile*
100 g de mie de pain fraîche	*5 jaunes d'œufs*
2 à 3 l d'huile de friture	*muscade*
Pour les pommes duchesse :	*sel de mer, poivre*
1 kg de pommes de terre à chair fine	***Pour la panure à l'anglaise :***
(Eersteling, Sieglinde, BF 15	*3 œufs*
ou Charlotte)	*5 cl d'huile*
150 g de beurre	

⌣ une friteuse ⌣

1. Préparez 1 kg de *Pommes duchesse* (voir page suivante), mais sans les mouler et sans faire cuire la préparation au four. Huilez légèrement une petite plaque. Débarrassez les pommes duchesse sur cette plaque. Préservez la surface de la préparation avec du papier sulfurisé huilé. Réservez au réfrigérateur pour la refroidir.

2. Façonnez des petits palets réguliers de 40 à 50 g maximum avec la purée de pommes de terre, farinez-les légèrement.

3. Préparez la panure à l'anglaise : cassez les œufs dans une assiette creuse, salez et poivrez. Battez à la fourchette et ajoutez 5 cl d'huile.

4. Étalez les amandes sur un plat et mélangez-les à la mie de pain. Trempez les palets dans la panure à l'anglaise à l'aide d'une fourchette. Passez-les dans le mélange amandes effilées/mie de pain. Tapotez-les, maintenez-les dans leur forme et disposez-les sur un torchon légèrement fariné (ou sur un papier antiadhésif, c'est mieux). Mettez-les en attente au réfrigérateur.

5. Faites chauffer votre friteuse à 180 °C.

6. Plongez les pommes amandine, 5 minutes avant de les servir, dans la friture chaude pendant 3 ou 4 minutes en une ou plusieurs fois selon la taille de la friteuse, afin d'éviter qu'elles se collent les unes aux autres. Retirez-les en pleine blondeur, égouttez-les sur du papier absorbant et salez-les légèrement. Servez.

N'entreposez pas vos pommes de terre avec des oranges, il se produirait des échanges de parfums peu propices aux tubercules comme aux agrumes.

POMMES DUCHESSE

C ette composition classique, que l'on dénomme «appareil» en terminologie culinaire, est une base pour de nombreuses préparations, dont les fameuses croquettes de pommes de terre, les bordures de plat ou les coquilles garnies de poisson.

POUR 4 À 5 PERSONNES

---

1 kg de pommes de terre
de taille moyenne (Eersteling,
Sieglinde, BF 15 ou Charlotte)
200 g de beurre

2 œufs entiers + 5 jaunes
muscade
gros sel de mer, poivre

un presse-purée ou un moulin à légumes à grille fine
une poche à douille à pâtisserie (facultatif)

1. Préchauffez le four à 210 °C (thermostat 7). Épluchez les pommes de terre. Lavez-les, mettez-les entières dans une casserole et couvrez-les d'eau froide de façon que le niveau de l'eau dépasse de 2 cm celui des légumes. Salez à raison de 10 g par litre d'eau. Faites cuire vivement à couvert, pendant environ 25 minutes, en arrêtant la cuisson quand les pommes de terre sont encore un peu fermes. Elles doivent être cuites sans s'écraser.

2. Égouttez les pommes, séchez-les un peu, si possible à l'entrée du four chaud de façon à évacuer le maximum d'humidité. Passez-les rapidement au presse-purée habituel au-dessus de la casserole où elles ont cuit, vidée de l'eau de cuisson.

3. Desséchez encore la purée 1 à 2 minutes sur feu moyen, puis incorporez 150 g de beurre bien froid par fractions. Mélangez vigoureusement jusqu'à la fonte et l'incorporation complète du beurre.

4. Sur feu doux, liez la purée avec 1 œuf entier et les 5 jaunes. Salez et poivrez. Assaisonnez de muscade selon votre goût.

5. Beurrez la plaque du four avec le reste du beurre. Moulez la purée en forme de petites galettes, de petits pains, ou dressez-la à l'aide d'une poche à douille cannelée en motifs choisis. Posez-les sur la plaque du four.

6. Dans un bol, battez l'œuf restant et badigeonnez-en les petits motifs de pommes duchesse à l'aide d'un pinceau.

7. Enfournez-les à four chaud (210 °C, thermostat 7) et faites-les colorer, pendant 5 à 6 minutes. Servez.

Le mot «appareil» s'emploie pour désigner une composition simple ou composée, destinée à la préparation de mets comme l'appareil à soufflé, à crème anglaise, etc.

CROQUETTES
DE POMMES DE TERRE

C'est une garniture originale et très populaire de la cuisine classique française. Cette préparation, toute proche des beignets, reste d'actualité. Elle est toujours bien accueillie dans la composition des repas. Cet aimable plat n'a pas vieilli du tout, et puis, sa réalisation est relativement simple et de conception rapide.

POUR 4 À 5 PERSONNES

60 g de farine
300 g de mie de pain fraîche
2 à 3 l d'huile de friture
Pour les pommes duchesse :
1 kg de pommes de terre à chair fine
(Eersteling, Sieglinde, BF 15
ou Charlotte)
150 g de beurre

2 cl d'huile
1 œuf entier + 5 jaunes
muscade
sel de mer, poivre
Pour la panure à l'anglaise :
3 œufs
5 cl d'huile

 une friteuse

1. Préparez 1 kg de *Pommes duchesse* (voir page 146), mais sans les mouler et sans faire cuire la préparation au four. Huilez légèrement une petite plaque. Débarrassez les pommes duchesse sur cette plaque. Préservez la surface de la préparation avec du papier sulfurisé huilé. Réservez au réfrigérateur pour la refroidir.

2. Farinez un torchon ou une plaque de travail. Posez dessus la préparation de pommes duchesse. À l'aide d'une cuiller, divisez-la en quenelles de 40 à 50 g, pas plus. Roulez ces quenelles avec les mains et aplatissez-les en forme de palets, mettez-les en réserve.

3. Préparez la panure à l'anglaise : cassez les œufs dans une assiette creuse, salez et poivrez. Battez à la fourchette, comme pour une omelette, et ajoutez 5 cl d'huile. Dans une autre assiette, versez de la mie de pain.

4. Trempez chaque palet dans les œufs battus, puis roulez-les dans la mie de pain. Tapotez-les bien pour enlever l'excédent de mie de pain, tout en maintenant le façonnage. Mettez en attente au réfrigérateur.

5. Faites chauffer votre friteuse à 180 °C.

6. Plongez les croquettes, 5 minutes avant de les servir, dans la friture chaude pendant 3 ou 4 minutes, de façon à retirer des croquettes très blondes. Égouttez-les sur du papier absorbant et salez-les légèrement. Servez.

Ne stockez pas vos pommes de terre auprès de produits à l'odeur pénétrante, elles pourraient récupérer des arrière-goûts fâcheux à la dégustation.

POMMES MARQUISE

Voici une façon élégante et raffinée de présenter la pomme de terre. Le mélange subtil de la tomate et de la pomme de terre fait une garniture agréable pour escorter les viandes et les poissons.

POUR 3 À 4 PERSONNES

5 c. à soupe de purée de tomates	*(Eersteling, Sieglinde, BF 15*
50 g de beurre	*ou Charlotte)*
1 œuf	*50 g de beurre*
paprika	*1 œuf entier + 2 jaunes*
Pour les croquettes :	*muscade*
500 g de pommes de terre à chair fine	*sel de mer, poivre*

une poche à pâtisserie à grosse douille cannelée
un pinceau de cuisine

1. Préparez les pommes de terre afin d'obtenir 500 g d'appareil de *Croquettes de pommes de terre* classiques (page ci-contre). Ajoutez la purée de tomates à cette préparation et mélangez bien le tout. Préchauffez le four à 210 °C (thermostat 7).

2. Beurrez largement la plaque du four. À l'aide d'une poche à pâtisserie munie d'une grosse douille cannelée, formez, sur la plaque du four, des pains de La Mecque, c'est-à-dire des torsades de 8 à 10 cm de longueur, avec l'appareil de pommes de terre et de tomates.

3. Délicatement et à l'aide d'un pinceau, dorez chaque pain de La Mecque à l'œuf battu. Saupoudrez-les de paprika et enfournez-les. Faites cuire à four chaud (210 °C, thermostat 7), pendant 7 à 8 minutes. Dressez-les sur un plat et servez-les en garniture.

Faites vous-même votre purée de tomates, elle n'en sera que meilleure. Coupez 6 grosses tomates «colinettes» en 2, dans l'épaisseur. Pressez-les doucement pour éliminer le jus et les graines. Rangez-les, face coupée en dessous, sur la plaque du four. Ajoutez autour 3 gousses d'ail «en chemise» et parsemez-les de 3 brins de thym. Nappez le tout de 5 à 6 cuillerées à soupe d'huile d'olive. Poudrez de gros sel et de 1/2 cuillerée à café de sucre en poudre. Enfournez-les à mi-hauteur. Allumez le four à 80 °C (thermostat 2-3) et laissez confire 3 heures ; plus elles cuiront, plus elles seront fripées et plus leur goût de fruit confit s'accentuera. Au terme de leur cuisson, laissez-les tiédir. Égouttez-les, pelez-les, retirez le pédoncule ainsi que l'ail et le thym. Mettez la pulpe dans un robot mixeur et réduisez-la en purée.
Vous pouvez conserver cette purée dans un bocal, couverte d'une pellicule d'huile d'olive, 3 à 4 jours au réfrigérateur.

POMMES DAUPHINE

L es friandes et très populaires pommes dauphine, rendues légères par l'adjonction de pâte à choux, accompagnent bien toutes les viandes, en particulier le rôti de bœuf, les volailles et les gibiers.

POUR 6 À 8 PERSONNES

2 à 3 l d'huile de friture	*sel, poivre*
Pour les croquettes :	***Pour la pâte à choux :***
1 kg de pommes de terre à chair fine	*1/4 de litre d'eau*
(Eersteling, Sieglinde, BF 15	*100 g de beurre*
ou Charlotte)	*150 g de farine*
150 g de beurre	*4 à 5 œufs*
1 œuf entier + 5 jaunes	*sel de mer*
muscade	

 une friteuse – une poche à douille

1. Préparez la pâte à choux : dans une casserole, versez l'eau avec un peu de sel. Ajoutez le beurre à fondre jusqu'à l'ébullition. Hors du feu, ajoutez la farine tamisée et mélangez à la spatule de bois. Desséchez à plein feu quelques minutes en remuant sans cesse. À nouveau hors du feu, ajoutez un à un les œufs, en mélangeant parfaitement l'appareil. Prélevez 300 g de la pâte à choux obtenue et mettez-la en réserve.

2. Préparez 1 kg de *Pommes duchesse* (voir page 146). Ajoutez la pâte à choux aux pommes duchesse et mélangez à la spatule cet appareil.

3. Faites préchauffer votre friteuse à 180 °C.

4. Façonnez les pommes dauphine en forme de bouchons : garnissez d'appareil à pommes dauphine une poche de pâtisserie munie d'une grosse douille unie, coupez 2 cm de la préparation à la sortie de la douille, au-dessus de la friture chaude. On peut également confectionner des boulettes régulières à l'aide de deux cuillers, et les faire tomber, une à une, dans la friture. Laissez cuire 3 à 4 minutes. Dès qu'elles remontent à la surface, retournez-les avec une écumoire pour qu'elles soient dorées de façon uniforme.

5. Égouttez et faites sécher les pommes dauphine sur du papier absorbant. Salez légèrement. Servez sans attendre.

Il n'est pas aisé de réussir une belle pâte à choux en petite quantité (moins de 600 g environ). Sachez qu'elle se congèle parfaitement, enveloppée dans un sac ou un film plastique. Réservez-en alors le surplus pour un autre usage.

POMMES DE TERRE
AU FROMAGE BLANC

E n Bourgogne, pendant les vendanges, on se régale de ces pommes de terre au fromage blanc, accompagnées de salade.

POUR 4 À 5 PERSONNES

1 kg de pommes de terre	6 c. à soupe de crème fleurette
(BF 15, Eersteling)	60 g de beurre
200 g de fromage blanc frais	muscade
2 œufs	sel de mer, poivre
2 c. à soupe de farine	

 un moulin à légumes – un plat à gratin

1. Préchauffez le four à 210 °C (thermostat 7). Lavez les pommes de terre, mais ne les pelez pas. Piquez-les à la fourchette afin qu'elles n'éclatent pas à la cuisson et qu'elles se dessèchent bien. Faites-les cuire au four pendant 50 minutes. Laissez le four à 210 °C (thermostat 7).

2. Après la cuisson, pelez les pommes de terre et passez la pulpe au moulin à légumes. Ajoutez, en mélangeant à la spatule, le fromage blanc égoutté, les œufs entiers, la farine et la crème fleurette. Assaisonnez de sel, de poivre, de muscade râpée.

3. Beurrez un plat à gratin avec la moitié du beurre et garnissez-le de l'appareil de pommes de terre. Lissez-en la surface et ondulez-la à la palette. Parsemez de quelques noisettes de beurre.

4. Enfournez et mettez à gratiner à four chaud (210 °C, thermostat 7), pendant 20 minutes. Servez aussitôt.

Le temps de cuisson peut différer selon qu'il s'agit de petits ou de gros tubercules. Il faut donc veiller à choisir des pommes de terre de même grosseur.

POMMES DE TERRE GRATINÉES CLERMONTOISES

C ette recette de Clermont-Ferrand se prépare avec ce merveilleux fromage qu'est le Cantal. L'Auvergne, comme la Normandie, a trois fromages exceptionnels. Et, à mon avis, avec ceux
de Normandie, le Cantal, la Fourme d'Ambert et le Saint-Nectaire
sont les plus grands fromages du monde.

POUR 4 À 5 PERSONNES

1 kg de pommes de terre (BF 15)   *30 cl de crème fraîche*
50 g de beurre   *150 g de fromage de Cantal*
muscade   *sel de mer, poivre*

 un plat à gratin

1. Choisissez des pommes de terre bien calibrées. Épluchez-les et
faites-les cuire entières à l'eau salée pendant 30 minutes.

2. Préchauffez le four à 180 °C (thermostat 6). Dès que les
pommes de terre sont cuites, égouttez-les et faites-les dessécher
quelques minutes à l'entrée du four. Continuez le préchauffage du
four.

3. Mettez les pommes de terre desséchées sur un torchon et, avec
le dos d'une fourchette, aplatissez-les en forme de savonnettes.

4. Beurrez un plat à gratin et disposez-y les savonnettes de
pommes de terre. Assaisonnez de sel, de poivre et de muscade
râpée.

5. Détaillez le Cantal en miettes. Dans une casserole, faites
chauffer la crème fraîche ; versez-la bien chaude sur les pommes
de terre et saupoudrez de miettes de fromage. Enfournez et mettez
à gratiner pendant 5 minutes environ.

6. Servez dès la sortie du four en accompagnement d'une pièce
de viande.

POMMES DE TERRE
À LA HONGROISE

C e sont les Turcs qui ont importé le paprika en Hongrie au cours de leur domination. Les Hongrois en ont fait leur épice nationale. Le paprika, aromatique et fort en goût, provient du piment devenu rouge à mûrissement, séché, débarrassé des pépins et des fibres, puis moulu.

POUR 6 PERSONNES

1 kg de pommes de terre	1 c. à soupe de paprika
(BF 15, Charlotte)	50 cl de bouillon de volaille
3 tomates	2 ou 3 branches de thym
200 g de beurre	1 feuille de laurier
150 g d'oignons	1 c. à soupe de persil haché
1 gousse d'ail	sel de mer, poivre

1. Préchauffez le four à 180 °C (thermostat 6). Pelez les pommes de terre et coupez-les en rondelles de 3 à 4 mm d'épaisseur. Lavez-les, égouttez-les et épongez-les sur un linge.

2. Mondez les tomates, concassez-les et égouttez-les. Pelez les oignons et l'ail, hachez-les. Dans une casserole, faites chauffer 100 g de beurre et mettez à revenir les oignons et l'ail. Saupoudrez de paprika. Ajoutez les tomates et les rondelles de pommes de terre. Salez et poivrez.

3. Placez cette préparation dans un plat allant au four. Mouillez à hauteur de bouillon, ajoutez le thym et le laurier répartis en surface. Complétez par de petites noisettes de beurre dispersées et enfournez.

4. Faites cuire à four moyen (180 °C, thermostat 6), pendant 1 heure 30, jusqu'à réduction complète du mouillement. Retirez alors thym et laurier, saupoudrez largement de persil haché et servez.

Ce plat classique de la cuisine hongroise est l'escorte idéale des steaks hachés ou, mieux, des boulettes de viande.

POMMES DE TERRE
AU LARD

D'origine campagnarde, cette recette, simple mais savoureuse, de pommes de terre rehaussées de lard, de romarin et de persil, accompagne parfaitement une pièce de viande poêlée et plus particulièrement un rôti de bœuf ou une volaille rôtie.

POUR 4 À 5 PERSONNES

1,5 kg de pommes de terre (BF 15, Charlotte) 250 g de poitrine salée 150 g de saindoux

1 branche de romarin 1 c. à soupe de persil plat frais sel de mer, poivre

 une poêle creuse ou une cocotte en fonte

1. Épluchez, émincez en fines rondelles les pommes de terre. Lavez-les, égouttez-les et séchez-les sur un torchon.

2. Coupez en lardons la poitrine. Faites-les blanchir quelques instants à l'eau bouillante, rafraîchissez-les et égouttez-les.

3. Dans une poêle creuse ou une cocotte en fonte, faites fondre le saindoux à feu moyen, puis ajoutez les lardons et les rondelles de pommes de terre. Salez et poivrez. Complétez par une belle branche de romarin.

4. Faites sauter les pommes pour qu'elles soient bien rissolées. Couvrez la cocotte et laissez cuire 15 minutes, en faisant encore sauter les pommes plusieurs fois.

5. Lavez et hachez le persil. Versez les pommes de terre dans un plat de service et servez en saupoudrant du persil frais.

Le persil peut être remplacé par du cerfeuil.

POMMES MACAIRE

P réparation simple et heureuse de la cuisine classique, idéale comme garniture d'une viande rôtie, toujours appréciée dans sa simplicité.

POUR 4 À 5 PERSONNES

1,2 kg de grosses pommes de terre	*80 g de beurre clarifié*
(BF 15, Bintje)	*ou 80 g de graisse d'oie*
200 g de beurre	*muscade*
2 c. à soupe de crème épaisse	*sel de mer, poivre*

1. Préchauffez le four à 210 °C (thermostat 7).

2. Lavez de belles pommes de terre bien calibrées et emballez chacune d'elles dans une feuille d'aluminium. Posez-les sur la plaque du four. Faites-les cuire à four moyen (210 °C, thermostat 7), pendant 1 heure 30 environ.

3. Après la cuisson, retirez les pommes de terre des enveloppes de feuille d'aluminium, coupez-les en 2, prélevez la pulpe, à l'aide d'une cuiller, et mettez-la dans un plat. Salez et poivrez. Ajoutez une pointe de muscade râpée. Écrasez cette pulpe à la fourchette en y incorporant, par petites fractions, le beurre bien froid et la crème épaisse.

4. Dans une poêle, faites fondre le beurre clarifié ou la graisse d'oie. Étalez la préparation de pommes de terre en une galette de 1 cm d'épaisseur environ. Faites-la colorer pendant 6 minutes de chaque côté, à feu moyen. Faites ainsi une ou plusieurs galettes.

5. Posez la galette sur un plat et amenez sur la table. Cette galette se découpe en parts, comme une tarte.

Pommes de terre sous la cendre : lavez, brossez et essuyez de grosses pommes de terre (BF 15, Bintje, etc.). Vous aurez, au préalable, fait du feu assez longuement dans l'âtre pour disposer d'une bonne couche de cendre. Nichez les pommes de terre dans cette cendre. Recouvrez celle-ci de braises incandescentes. La cuisson dure de 50 minutes à 1 heure. Vérifiez la cuisson en piquant la pulpe avec une aiguille à brider. Retirez les pommes de terre de la cendre et servez-les accompagnées de beurre frais ou salé, de gros sel, de poivre, ou de crème fraîche que l'on peut agrémenter de fines herbes.

POMMES DE TERRE
À LA MENTHE

L'association persil/menthe apporte une agréable touche de fraîcheur à cette simple et délicieuse préparation.

POUR 4 PERSONNES

1 kg de pommes de terre
(Charlotte, Ratte)
1,5 l de bouillon de volaille
1 c. à soupe d'huile d'olive
gros sel de mer

quelques branches de menthe
150 g de beurre
4 c. à soupe de persil haché
sel de mer, poivre

1. Choisissez des pommes de terre bien calibrées. Épluchez-les et lavez-les. Lavez les branches de menthe ; gardez-en 2 branches pour le bouillon de cuisson et ciselez le reste. Lavez et hachez le persil.

2. Mettez les pommes de terre dans une casserole et recouvrez-les du bouillon de volaille auquel vous ajoutez l'huile d'olive, du gros sel et les branches de menthe. Portez à ébullition et faites-les cuire à point, pendant 20 à 30 minutes.

3. Dans une casserole à fond épais, faites fondre le beurre en prenant garde qu'il ne colore pas. Ajoutez la menthe et le persil haché au beurre fondu. Au terme de leur cuisson, égouttez les pommes de terre, roulez-les à la cuiller dans le beurre fondu agrémenté de menthe et de persil. Servez aussitôt.

Si, après avoir épluché et lavé vos pommes de terre, vous ne les utilisez pas tout de suite, vous pouvez les replonger dans un récipient rempli d'eau froide et les conserver ainsi, même découpées, jusqu'à une journée au réfrigérateur. Toutefois, il est conseillé, dans ce cas, de ne les découper qu'au moment de les cuire. Il faudra nécessairement les laver de nouveau.

POMMES DE TERRE
À LA LYONNAISE

L a cuisine traditionnelle lyonnaise de femmes est une cuisine simple, admirable, telle cette préparation de pommes de terre aux oignons dont la réputation a passé les frontières de l'Hexagone.

POUR 4 À 5 PERSONNES

1 kg de pommes de terre	200 g de beurre
(Ratte, Belle de Fontenay)	1 c. à soupe de persil plat
250 g d'oignons	sel de mer, poivre

1. Faites cuire à l'eau salée les pommes de terre pendant 25 minutes. Dès qu'elles sont cuites, égouttez-les et pelez-les. Coupez-les alors en rondelles pas trop fines.

2. Pelez et émincez finement les oignons. Lavez le persil et hachez-le.

3. Dans une poêle assez grande, faites fondre sur feu doux 100 g de beurre. Ajoutez les pommes de terre, faites-les sauter 15 minutes en secouant la poêle toutes les 5 minutes et en ajoutant à chaque fois une noix de beurre.

4. Dans une autre poêle, faites également sauter les oignons émincés avec 60 g de beurre. Lorsque les oignons sont bien dorés, mélangez-les aux pommes de terre et faites sauter les deux éléments ensemble, pour bien les mélanger.

5. Couvrez et laissez cuire 5 minutes. Salez et poivrez. En fin de cuisson, saupoudrez de persil haché et dressez sur un plat de service. Servez.

Une des caractéristiques de la cuisine lyonnaise est l'oignon triomphant. Nos amis lyonnais prétendent que la soupe à l'oignon est à eux et que les Parisiens l'ont adaptée en gratinée !

POMMES DE TERRE
À LA NORMANDE

L a pomme de terre associée au poireau produit une harmonie goûteuse pour accompagner une viande blanche.

POUR 4 À 5 PERSONNES

1 kg de pommes de terre	3/4 l de lait
(Charlotte ou BF 15)	persil, thym, laurier
3 blancs de poireaux	muscade
1 oignon moyen	sel de mer
30 g de farine	poivre
80 g de beurre	

un plat creux allant au four

1. Lavez soigneusement et émincez finement les blancs de poireaux. Pelez l'oignon et émincez-le également. Lavez le persil, le thym et le laurier et nouez ces éléments avec de la ficelle de cuisine pour faire un bouquet garni classique. Épluchez et lavez les pommes de terre. Coupez-les en rondelles de 3 mm d'épaisseur.

2. Dans une sauteuse ou une cocotte, à feu doux, faites suer 5 minutes au beurre les poireaux et l'oignon émincés. Saupoudrez de farine (une grosse cuillerée) et mélangez bien, à petit feu, à l'aide d'une spatule en bois.

3. Laissez cuire sans coloration quelques instants. Mouillez avec 3/4 de litre de lait et assurez la liaison en mélangeant bien. Salez et poivrez. Assaisonnez de muscade râpée.

4. Préchauffez le four sur position gril.

5. Ajoutez dans la cocotte les rondelles de pommes de terre. Complétez avec le bouquet garni et faites cuire très doucement, pendant 30 à 40 minutes.

6. Après cuisson, vérifiez l'assaisonnement et rectifiez-le au besoin. Versez la préparation dans un plat creux allant au four. Enfournez et faites gratiner à la voûte du four mis en position gril, pendant 10 minutes.

7. Servez dans le plat de cuisson.

Le prosaïque poireau, plus délaissé que loué, est un savoureux légume. En France, durant des siècles, il fut à la base de bien des soupes sous le nom de «porreau» ou «pourreau».
On trouve le poireau toute l'année : en automne, et surtout en hiver le

poireau est gros, de goût soutenu; au printemps apparaît le poireau primeur plus fin, long de saveur exquise et douce. À l'achat, un bon poireau doit être frais, avec des feuilles vertes, brillantes, dressées, crissantes au toucher, la partie blanche ferme et les racines bien adhérentes. Comment le préparer avant de l'apprêter? Coupez les racines au ras du bulbe ainsi que le haut des feuilles vertes. Retirez les éventuelles feuilles flétries. Fendez le poireau en 2, de la jonction du blanc et du vert jusqu'à la pointe. Lavez-le abondamment à l'eau en écartant bien les feuilles, égouttez-le. Il est prêt à être cuisiné.

Le poireau figure souvent dans les garnitures aromatiques. En plat principal, il recèle de multiples facettes; en plat d'accompagnement, il s'accorde aussi bien avec le bœuf, le veau, le porc ou la volaille que les poissons, les crustacés ou les coquillages.

POMMES DE TERRE MÉNAGÈRES

C ette préparation est dérivée des pommes de terre à la rethéloise, mais plus marquée par la simplicité traditionnelle de
l'excellente cuisine ménagère.

POUR 5 PERSONNES

5 grosses pommes de terre (Bintje)	*50 g de beurre*
1 oignon moyen	*3 c. à soupe de mie de pain*
200 g de jambon cru	*1 grosse c. à soupe de persil haché*
1 gousse d'ail	*muscade*
1 verre de crème fraîche	*sel de mer, poivre*

1. Préchauffez le four à 210 °C (thermostat 7).

2. Choisissez de belles pommes de terre bien calibrées et préparez-les suivant le principe des *Pommes de terre farcies à l'ail*
(voir page 143).

3. Faites-les cuire au four pendant 1 heure 30.

4. Pelez et hachez très finement les oignons. Coupez le jambon
en fine brunoise. Pelez et réduisez la gousse d'ail en purée.

5. Dans une casserole ou une poêle, faites fondre l'oignon dans
un peu de beurre à feu doux. Dans une autre casserole, faites
bouillir la crème fraîche.

6. À la fin de la cuisson des pommes de terre, retirez les enveloppes de feuille d'aluminium, levez les couvercles, retirez la
pulpe à la cuiller pour la déposer dans une terrine ou un autre
ustensile creux. Écrasez la pulpe à la fourchette.

7. Mélangez alors la pulpe écrasée, la brunoise de jambon, l'ail et
l'oignon. Mouillez avec la crème bouillante. Salez et poivrez.
Assaisonnez d'un peu de muscade râpée. Ajoutez le persil haché.

8. Remplissez les écorces de pommes de terre de cet appareil.
Lissez la surface avec une palette. Saupoudrez de mie de pain.

9. Faites fondre le beurre restant dans une casserole. Arrosez, à
la cuiller, les écorces garnies de beurre fondu. Enfournez et faites
gratiner à four moyen (180 °C, thermostat 6), pendant 25 à
30 minutes.

10. Dressez sur les assiettes et servez bien chaud.

POMMES GRATINÉES

U ne recette simple à réaliser une soirée d'hiver.

POUR 4 À 5 PERSONNES

*1 kg de pommes de terre à chair ferme
(BF 15 ou Charlotte)
300 g de beurre
20 cl de lait concentré
ou de crème fleurette*

*60 g de gruyère râpé
60 g de chapelure
muscade
sel de mer, poivre*

 un moulin à légumes ou un tamis

1. Préchauffez le four à 210 °C (thermostat 7). Lavez les pommes de terre mais ne les pelez pas. Piquez-les à la fourchette afin qu'elles évacuent l'humidité et n'éclatent pas à la cuisson. Emballez chacune d'elles dans une feuille de papier d'aluminium. Faites-les cuire au four pendant 1 heure 30.

2. Au terme de leur cuisson, retirez les enveloppes de feuille d'aluminium, coupez les pommes de terre en 2 et retirez-en la pulpe dans un plat ou dans une terrine. Passez-la au tamis ou au moulin à légumes. À la spatule, comme pour une purée ordinaire, ajoutez 200 g de beurre en morceaux et le lait concentré ou la crème fleurette. Mélangez bien et assaisonnez au goût.

3. Remplissez les écorces de pommes de terre avec cette purée. Rangez-les sur un plat allant au four et saupoudrez-les de gruyère râpé et de chapelure. Posez une noisette de beurre sur chaque pièce et enfournez. Faites cuire à four chaud (210 °C, thermostat 7), pendant 8 minutes, pour gratiner, et servez bien chaud.

Je préfère souvent, pour diverses préparations, remplacer le lait ou la crème fraîche par du lait concentré, extrêmement crémeux et magnifique au résultat final.

POMMES SARLADAISES

S arlat, patrie de La Boétie, en Dordogne, est le pays d'une cuisine « sans beurre et sans reproche », disait Curnonsky. C'est aussi la région du foie gras et de la truffe, ce qui a incité certains à mettre des truffes dans les pommes sarladaises. Mais les vraies pommes sarladaises, recette de tradition populaire, de pauvres et de femmes, sont tout simplement cuisinées à la graisse d'oie. Elles sont la garniture obligée du confit d'oie, de canard ou du magret grillé.

POUR 4 À 5 PERSONNES

1 kg de pommes de terre moyennes et de même taille (Charlotte)	*2 gousses d'ail*
	1 c. à soupe de persil
90 g de graisse d'oie ou de canard	*sel de mer*

1. Choisissez de belles pommes de terre. Épluchez-les et coupez-les en rondelles de 3 mm d'épaisseur. Lavez-les, égouttez-les et épongez-les sur un torchon.

2. Pelez et hachez l'ail. Lavez le persil et hachez-le.

3. Dans une poêle, faites fondre la graisse d'oie ou de canard et faites sauter les pommes de terre, pendant 15 minutes. Cinq minutes avant la fin de la cuisson, ajoutez l'ail. Les pommes doivent être blondes de tous les côtés. Salez, égouttez l'excès de graisse et, avant de les dresser, ajoutez le persil.

4. Mettez-les sur un plat et servez.

Les pommes de terre sautées peuvent être réalisées de deux façons : ou bien à cru ou bien avec des pommes de terre déjà cuites à l'eau ou à la vapeur. Les premières seront plus croustillantes, les secondes moelleuses. Si vous préférez la seconde solution, conservez-les un peu fermes, sinon elles se déferaient dans la poêle, et coupez-les en rondelles assez épaisses (1/2 cm). Si vous les préférez à cru, une fois coupées, lavez-les soigneusement pour ôter l'amidon (sinon elles colleront) et essuyez-les bien au torchon. Pour l'épaisseur ne descendez pas au-dessous de 3 mm.

POMMES DE TERRE
POÊLÉES
AU CERFEUIL

C ette recette permet d'apprécier le côté croustillant de la pomme de terre. Le cerfeuil ajoute, par son goût tonique, de la fraîcheur à cette préparation.

POUR 4 PERSONNES

4 pommes de terre	*4 cl d'huile*
(BF 15, Belle de Fontenay)	*80 g de beurre*
1 bouquet de cerfeuil	*sel de mer, poivre*
1 œuf	

1. Lavez et ciselez grossièrement le bouquet de cerfeuil. Mélangez la moitié du cerfeuil avec l'œuf battu.

2. Pelez et râpez, sans les laver, les pommes de terre. Épongez-les, mélangez-les avec l'œuf battu et la moitié du cerfeuil. Salez et poivrez.

3. Préchauffez le four à 200 °C (thermostat 6-7). Faites chauffer l'huile et le beurre dans une poêle antiadhésive. Façonnez successivement 4 galettes avec les pommes de terre râpées et faites-les cuire des 2 côtés dans la graisse jusqu'à coloration.

4. Finissez la cuisson des galettes au four pendant 5 minutes environ. Une fois cuites et croustillantes, épongez chaque galette de pommes sur un papier absorbant et dressez-les sur une assiette chaude. Parsemez-les du restant de cerfeuil et servez-les bien chaudes.

Pour assaisonner un plat, les grains de poivre blanc ou noir, fraîchement moulu au dernier moment à l'aide d'un moulin à poivre, ajoutent une touche de saveur irremplaçable. Mais, dans certains cas, pour avoir une saveur plus affirmée, il est préférable de concasser les grains. Pour cette opération, il existe deux méthodes : soit sur une planche en se servant d'un rouleau à pâtisserie en bois ou bien du fond d'un petit poêlon en fonte ou en cuivre, soit dans un mortier avec son pilon.

POMMES DE TERRE
ROBERT

C es pommes se suffisent à elles-mêmes dans un menu familial. Elles peuvent aussi, pour un repas plus substantiel, accompagner du jambon blanc, du bacon, etc. Pour les amateurs d'andouillettes ou de grillades de porc, c'est une garniture de choix.

POUR 4 À 5 PERSONNES

6 œufs	200 g de beurre
2 c. à soupe de crème épaisse	2 c. à soupe de crème épaisse
2 c. à soupe de ciboulette ciselée	muscade
100 g de beurre	sel de mer
Pour les pommes Macaire :	poivre
1,2 kg de pommes de terre	
(BF 15, Bintje)	

1. Préparez les pommes de terre comme les *Pommes Macaire* (voir page 158), sans faire cuire la préparation à la poêle.

2. Lavez et ciselez finement la ciboulette.

3. Ajoutez à la purée de pommes Macaire les œufs entiers, 2 cuillerées de crème épaisse ainsi que la ciboulette ciselée. Mélangez soigneusement.

4. Faites fondre le beurre dans une poêle, prélevez un peu de la préparation et étalez-la bien à la cuiller dans la poêle pour former l'équivalent d'une crêpe un peu épaisse. Faites cuire ces fines galettes, pendant 3 minutes de chaque côté. Débarrassez sur un plat et maintenez au chaud. Recommencez l'opération jusqu'à épuisement de la purée.

Pour éplucher vos pommes de terre, préférez un couteau économe ou un couteau éplucheur dont la lame est en acier inoxydable, pour éviter de vous noircir les mains et de détruire la vitamine C.

POMMES
SAINT-FLORENTIN

C es originales croquettes de pommes de terre hérissées de fin vermicelle, qui rappellent notre enfance, réjouissent les petits et les grands.

POUR 4 À 6 PERSONNES

150 g de jambon	1 œuf entier + 4 jaunes
2 à 3 l d'huile de friture	muscade
250 g de vermicelle cheveux d'ange	sel de mer, poivre
Pour les pommes croquettes :	**Pour la panure à l'anglaise :**
1 kg de pommes de terre à chair fine	1 œuf
(Eersteling, Sieglinde, BF 15	5 cl d'huile
ou Charlotte)	50 g de farine
100 g de beurre	

une friteuse

1. Préparez 1 kg de *Croquettes de pommes de terre* (voir page 148) en opérant comme pour une purée, avec des pommes de terre bien desséchées et le beurre. Assaisonnez la purée de sel, de poivre et d'un peu de muscade râpée. Liez le tout avec les jaunes d'œufs et l'œuf entier.

2. Préchauffez la friteuse à 180 °C. Hachez finement le jambon et incorporez-le à la purée. À l'aide d'une cuiller, formez des bouchons de purée d'environ 30 g.

3. Préparez la panure à l'anglaise en battant l'œuf avec l'huile. Salez et poivrez. Farinez un plan de travail et roulez-y chaque bouchon de pomme de terre puis trempez-les dans la panure à l'anglaise.

4. Concassez le vermicelle cheveux d'ange dans une assiette. Passez-y les croquettes de pommes de terre et aplatissez-les légèrement. Jetez-les dans le bain d'huile bien chaude et faites dorer pendant 3 à 4 minutes.

5. Égouttez ces croquettes de pommes Saint-Florentin sur un papier absorbant. Saupoudrez-les de sel et dressez-les sur un plat garni d'un papier gaufré ou une serviette blanche artistiquement pliée.

Réussir ou rater une recette dépend bien souvent de la faculté à bien se concentrer sur le sujet. Que la recette soit simple ou compliquée, il est indispensable de suivre les conseils suivants :
– lisez la recette entièrement avant de faire votre marché ;

– tout en la lisant, visualisez les différentes opérations;
– avant de commencer à cuisiner, mesurez, pesez, découpez et taillez les ingrédients; disposez tous les ingrédients nécessaires à chaque préparation sur un plateau différent, de façon à éviter toute erreur et confusion;
– du calme! Si vous avez dépassé la troisième étape, vous avez fait la moitié du travail.

Les qualités diététiques d'une friture dépendent des précautions prises pour la réaliser. Il faut attendre que la température de l'huile soit bien à 180 °C pour y plonger la préparation. Il se forme alors aussitôt une petite croûte, qui donne à la pomme Saint-Florentin son aspect croustillant mais empêche également l'huile de pénétrer plus avant, et limite la quantité de corps gras de cuisson. L'égouttage sur du papier absorbant gagne à être répété plusieurs fois afin de bien éliminer l'huile résiduelle. On peut ainsi réaliser des fritures souvent moins grasses que certains ragoûts. La digestibilité dépend en outre de la qualité de l'huile. Il faut éviter les températures trop élevées, qui altèrent l'huile, et penser, entre chaque utilisation, à filtrer le bain pour enlever les petits morceaux de pommes, qui sont autant de points de surchauffe. Il faut enfin renouveler le bain aussi souvent que nécessaire en fonction du degré d'utilisation de l'huile.

SOUFFLÉ
DE POMMES DE TERRE

L e soufflé salé ou sucré est le fleuron de la gourmandise populaire. Il fait saliver, mais déroute souvent les maîtresses de maison. Sa réussite réside dans la façon de fouetter les blancs et de les incorporer dans une autre préparation qu'on appelle « appareil ». Une technique délicate mais facile à acquérir.

POUR 4 À 6 PERSONNES

500 g de pommes de terre   *4 œufs*
(BF 15, Charlotte ou Nicola)   *muscade*
120 g de beurre   *sel de mer, poivre*
4 c. à soupe de crème double

un moulin à légumes – un fouet – un moule à soufflé

1. Épluchez, lavez et faites cuire les pommes de terre à la vapeur, pendant 40 minutes.

2. Préchauffez le four à 180 °C (thermostat 6).

3. Vérifiez la cuisson en piquant les pommes de terre avec la lame d'un couteau pointu et égouttez-les. Passez-les au tamis fin ou au moulin à légumes, grille fine, au-dessus d'une casserole assez grande pour pouvoir y incorporer les blancs en neige.

4. Cassez les œufs et séparez les blancs des jaunes.

5. Sur feu doux, ajoutez 100 g beurre et la crème double aux pommes. Travaillez bien cette purée à la spatule de bois. Hors du feu, liez avec les jaunes d'œufs. Salez et poivrez. Assaisonnez d'une pointe de muscade râpée.

6. Montez doucement les blancs en neige pour les « casser », avec une pointe de sel, à l'aide d'un fouet à blanc d'œuf. Augmentez au fur et à mesure de cette opération la rapidité du mouvement du fouet lorsque les blancs commencent à « blanchir ». « Serrez » les blancs. Votre fouet doit alors suivre les parois du récipient en tournant le plus vite possible. Arrêtez quand les blancs sont bien lisses et accrochés au fouet par gros paquets. N'essayez pas d'en faire davantage, sinon les blancs se désagrégeraient. La consistance finale doit être celle de la crème Chantilly, ce que l'on obtient difficilement avec les appareils électriques qui durcissent les blancs qui, alors, se cassent.

7. Prenez 1/3 des blancs d'œufs et mélangez-les à la purée, à l'aide d'un petit fouet. Puis incorporez délicatement le restant de blancs à l'aide d'une spatule.

8. Beurrez largement un moule à soufflé avec le restant de beurre. Versez la purée dans le moule à soufflé et enfournez. Faites cuire au four à 160-180 °C (thermostat 5-6), pendant 20 à 25 minutes.

9. Servez dans le plat à soufflé.

10. Vous pouvez agrémenter le soufflé de 150 g de gruyère fraîchement râpé, de 150 g de petits dés de jambon blanc, de 2 cuillerées à soupe de ciboulette ciselée. Ajoutez, selon votre goût, un ou plusieurs de ces éléments au moment du second mélange des blancs avec la purée.

Monter des blancs en neige est une opération a priori très simple, mais qui en réalité est très rarement réalisée correctement, même par des professionnels. Elle réclame, en effet, un minimum de technique et, surtout, beaucoup de soin et de patience. Le succès dépend de la façon dont sont fouettés les blancs d'abord et dont ils sont incorporés à l'appareil ensuite. Votre soufflé ne gonflera pas si ces deux opérations ne sont pas parfaitement maîtrisées. Mettez toutes les chances de votre côté en respectant quelques principes simples :

– utilisez un récipient et un fouet adaptés, d'une propreté sans reproche ;

– cassez vos œufs de façon à obtenir des blancs nets, sans coquille ni trace de jaune, et en évitant les « tortillons » ;

– montez toujours les blancs au moment où vous en avez besoin ; ne les faites jamais à l'avance.

Le choix d'un bon récipient est essentiel. Quatre critères interviennent : la matière, la forme, la taille et la propreté. L'idéal est le bassin à blancs en cuivre non étamé, un ustensile spécifique de professionnel mais que l'on peut se procurer et qui n'est pas très cher. Il existe également en inox, mais la qualité est déjà moins bonne et les blancs y monteront moins. Sans que l'on sache bien pourquoi (moi, du moins !), le cuivre permet aux blancs de mieux se « développer » qu'avec n'importe quelle autre matière. Mais n'essayez jamais de monter des blancs dans de l'aluminium, ils noirciraient aussitôt.

Après le récipient, l'ustensile capital est le fouet. À ma connaissance, la meilleure façon d'obtenir un résultat parfait est de monter les blancs à la main avec un gros fouet. À l'exception du batteur électrique à plusieurs vitesses, les appareils électriques courants tournent en effet trop vite et le blanc est « serré » avant d'être « développé » et « aéré ». On obtient alors des blancs grainés et cassants, au lieu de l'appareil lisse et aérien attendu.

Il existe des fouets spéciaux « à blancs » qui ont une forme caractéristique : ils sont plus renflés et plus ronds. La dimension doit être en rapport avec le récipient, mais il faut avoir un très grand fouet, plus grand que ceux dont disposent les maîtresses de maison en général. Dernière astuce, avant de fouetter les blancs comme indiqué dans la

recette du soufflé aux pommes de terre, posez votre bassin sur un tor-
chon plié en 4 pour éviter qu'il ne bouge pendant le fouettage.

La seconde difficulté consiste à incorporer les blancs en neige à l'appa-
reil. La bonne technique est de mettre 1/3 des blancs en neige dans
l'appareil et de mélanger délicatement à l'aide d'un petit fouet. Versez
ensuite le reste des blancs dans le récipient. Puis, de la main gauche,
faites tourner le récipient, tandis que, de la main droite et à l'aide d'une
spatule en bois à bout arrondi, vous coupez les blancs et l'appareil que
vous soulevez pour ramener le tout au centre, en un mouvement tour-
nant de bas en haut et d'avant en arrière. Il faut agir sans brutalité,
avec des mouvements amples et réguliers, l'appareil du dessous doit
revenir sur le dessus.

Toutes ces précautions peuvent paraître exagérées, mais, croyez-moi,
elles sont primordiales pour la réussite. Une fois que vous maîtrisez cette
technique, vous pouvez vous lancer dans des soufflés salés et sucrés de
grande classe qui ont toujours beaucoup de succès.

POMMES
SAUTÉES À CRU

C 'est la garniture classique du steak ou de l'escalope de veau. Quand les pommes de terre sont encore jeunes, certains amateurs préfèrent les faire sauter dans leur peau. Cela donne à la pomme de terre un goût particulièrement intéressant.

POUR 4 À 5 PERSONNES

1 kg de pommes de terre moyennes et de même taille (Charlotte)	90 g de beurre ou de graisse d'oie sel de mer

1. Choisissez de belles pommes de terre. Épluchez-les et coupez-les en rondelles de 3 mm d'épaisseur. Lavez-les, égouttez-les et épongez-les sur un torchon.

2. Dans une poêle, faites fondre le beurre ou la graisse d'oie et faites sauter les pommes de terre, pendant 15 minutes. Elles doivent être blondes de tous les côtés. Salez, égouttez l'excès de graisse.

3. Mettez-les sur un plat et servez.

Les pommes de terre peuvent être sautées à l'huile, dans un mélange d'huile et de beurre ou, raffinement extrême, dans un beurre clarifié (voir note page 202). Pour ma part, je les apprécie sautées dans de la graisse d'oie ou de canard. Que vous utilisiez de l'huile, du beurre ou de la graisse animale, mettez la matière grasse dans une poêle froide puis faites chauffer. Quand la poêle est bien chaude, versez les pommes de terre et faites-les saisir sur une face sans les remuer. Ne les retournez pas avant qu'elles soient dorées. Baissez un peu le feu quand toutes les pommes sont saisies. Ne salez pas avant la fin de la cuisson, cela ferait ramollir les pommes de terre. Vous pouvez les agrémenter d'une pointe d'ail dans les dernières minutes : l'ail ne doit pas brûler mais très légèrement blondir. Vous pouvez également les rouler à la dernière minute dans un peu de beurre frais pour les rendre plus savoureuses et brillantes. Servez-les aussi saupoudrées, au dernier instant, d'un peu de persil plat haché.

Sachez que les pommes sautées à cru n'attendent pas. Il faut toujours les mettre à cuire de façon à les servir dès qu'elles ont atteint leur point de cuisson idéal. Si on les fait attendre, elles ramollissent tout de suite.

POMMES TAPÉES
AU BEURRE NOISETTE

C e plat doit son appellation au fait que les pommes de terre
sont tapées avec la paume de la main pour les éclater.

POUR 4 À 5 PERSONNES

1 kg de petites pommes de terre *2 branches de fenouil*
(Ratte, BF 15) *100 g de beurre*
5 gousses d'ail *gros sel de mer, poivre*
5 branches de sarriette ou de thym

 un cuit-vapeur

1. Choisissez des petites pommes bien calibrées. Si elles sont
nouvelles, il n'est pas utile de les éplucher. Épluchez les gousses
d'ail et lavez les herbes.

2. Mettez dans l'eau d'un cuit-vapeur les gousses d'ail, la sarriette
ou le thym, ainsi que le fenouil, ceci afin de parfumer la vapeur.
Faites cuire les pommes de terre à plat (sans les surperposer) dans
le cuit-vapeur, pendant 40 minutes (15 minutes en autocuiseur).

3. Au terme de la cuisson des pommes de terre, étalez-les sur un
torchon. Entre deux feuilles de film étirable, aplatissez chaque
pomme avec la paume de la main pour l'éclater à souhait.

4. Dans une poêle bien chaude, faites chauffer le beurre jusqu'à
ce qu'il prenne la couleur noisette. Faites alors rissoler, dans ce
beurre noisette, les 2 côtés de ces pommes délectables.
Dressez-les sur un plat, salez-les des 2 côtés au gros sel et avec
un peu de poivre grugé.

Cette préparation met en évidence toute la saveur de la pomme de terre.

LA PURÉE
DE POMMES DE TERRE

C'est ce plat simple mais savoureux qui a le plus œuvré pour le renom de mon restaurant. Pour réussir une bonne purée, choisissez des pommes de terre de taille uniforme de façon à ce qu'elles soient toutes cuites en même temps. Pour mon restaurant, j'utilisais uniquement les meilleures Ratte du rigoureux Jean-Pierre Clot à Jouy-le-Châtel (Seine-et-Marne), plus grosses que les autres pommes de terre de cette variété et surtout de saveur exceptionnelle. Respectez la proportion de sel dans l'eau de cuisson des pommes de terre : ce n'est pas un hasard si l'on sale au début. Une fois passée au moulin à légumes, prévoyez un mouvement vigoureux du poignet pour dessécher la purée avec une spatule en bois. Ajoutez le beurre frais en premier et seulement ensuite le lait entier. Terminez au fouet pour rendre la purée plus légère. Sans doute est-ce là bien du travail pour une simple purée, mais lorsque vous l'aurez goûtée, vous en conviendrez : tout ce travail en vaut la peine.

POUR 6 PERSONNES

1 kg de pommes de terre   20 à 30 cl de lait entier
     (Ratte ou BF 15)   gros sel de mer
     250 g de beurre

 un moulin à légumes à grille fine – un tamis en toile (facultatif)

1. Lavez des pommes de terre en peau. Mettez-les, entières, dans une casserole et couvrez-les d'eau froide de façon que le niveau de l'eau dépasse de 2 cm celui des légumes. Salez à raison de 10 g par litre d'eau.

2. Faites cuire à couvert à tout petits bouillons, pendant 20 à 30 minutes, jusqu'à ce que les pommes de terre soient facilement traversées par la lame d'un couteau.

3. Égouttez rapidement les pommes de terre dès qu'elles sont cuites. Pelez-les encore tièdes. Passez-les au moulin à légumes, grille la plus fine, au-dessus d'une grande casserole.

4. Faites légèrement dessécher la purée sur le feu en la remuant vigoureusement avec une spatule en bois, pendant 4 à 5 minutes. Puis incorporez petit à petit le beurre, très froid, bien dur et coupé en morceaux. Il est très important de remuer énergiquement la purée pour bien l'incorporer et la rendre lisse et onctueuse.

5. Faites bouillir le lait et terminez la purée en l'incorporant, très chaud, en petit filet, et en mélangeant toujours vigoureusement jusqu'à ce qu'il soit entièrement absorbé.

6. Vous pouvez, pour rendre la purée encore plus fine et légère, la passer à travers un tamis à toile très fine.

7. Servez la purée, en garniture de viandes et de certains poissons.

Renoncez au mixeur, qui donne des purées collantes, préférez le moulin à légumes manuel et ancestral, grille la plus fine. Évitez aussi les pommes de terre nouvelles qui rendent la purée élastique et compacte.

Avec quelque 500 calories pour une portion de 250 g de purée, nous sommes tout de même largement au-dessous de la valeur calorique des frites en quantité égale. La purée de pommes de terre n'est pas un plat de régime, mais elle n'est pas non plus une préparation à proscrire si elle n'est pas consommée tous les jours. La présence du beurre tempère son index glycémique élevé ainsi que les protéines qui accompagnent le repas. Elle n'est donc pas un «épouvantail» comme certains esprits chagrins ont pu l'imaginer. Elle est d'abord un plaisir qu'il convient de déguster avec modération, pour lui conserver sa valeur, selon une règle élémentaire qui se doit de régir l'équilibre alimentaire : «De tout un peu, et de peu suffisamment».

PURÉE DE POMMES
À L'ANCIENNE
AUX APPÉTITS

C ette recette permet d'apprécier le mariage de la crème et de la pomme de terre. La muscade et les appétits lui donnent du caractère et renforcent son côté terroir.

POUR 4 À 5 PERSONNES

1 kg de pommes de terre (BF 15)   *quelques brins de ciboulette*
100 g de crème fraîche   *et de ciboule*
noix de muscade   *sel de Guérande*
    mignonnette de poivre

1. Lavez les pommes de terre avec la peau. Mettez-les dans une casserole et recouvrez-les d'eau froide. Salez et faites cuire les pommes de terre pendant 30 minutes après le début de l'ébullition. Au terme de leur cuisson, égouttez-les, épluchez-les et mettez-les en réserve.

2. Dans une casserole, faites chauffer la crème fraîche, parfumez-la de noix de muscade. Écrasez alors grossièrement les pommes de terre à la fourchette et incorporez-y la crème fraîche. Rectifiez l'assaisonnement.

3. Lavez et ciselez finement la ciboulette et la ciboule. Mélangez-les avec du sel de Guérande et de la mignonnette de poivre.

4. Dressez la purée sur des assiettes chaudes. Saupoudrez-la du mélange des appétits, de la mignonnette de poivre et du sel de Guérande. Servez.

Les « appétits » sont les ingrédients tels que la ciboule, la ciboulette ou les petits oignons nouveaux, appelés ainsi parce qu'ils ont la faculté d'ouvrir l'appétit. Jamais je n'insisterai assez sur ce qu'ils peuvent apporter à un plat, en fraîcheur, en couleurs, en saveurs, bref en qualité.

PURÉE
DE POMMES DE TERRE
À L'HUILE D'OLIVE

J'aime l'huile d'olive, ce merveilleux produit inscrit dans la grande triade avec le pain et le vin. Elle est l'âme de notre cuisine, l'expression culinaire unique avec le beurre. Depuis des millénaires, elle est présente dans notre alimentation. Elle figure parmi les éléments de recherche d'aujourd'hui afin que notre cuisine progresse et s'améliore. Elle est proche du naturel de la terre et du désir de la nature qui a tout mis en œuvre pour que nous soyons heureux à table.

POUR 4 À 5 PERSONNES

---

1 kg de pommes de terre moyennes et de même taille (BF 15)   *25 cl d'huile d'olive de première pression gros sel de mer*

⌖ un moulin à légumes ⌖

1. Épluchez les pommes de terre et lavez-les.

2. Mettez-les dans une casserole, recouvrez-les bien d'eau froide et faites-les cuire pendant 25 minutes environ.

3. Au terme de leur cuisson, égouttez-les et passez-les au moulin à légumes dans la casserole chaude, vidée de l'eau de cuisson.

4. Remettez la casserole sur feu doux et travaillez la purée à la spatule en bois en incorporant, petit à petit, l'huile d'olive. Salez et finissez au fouet pour obtenir une purée lisse et onctueuse.

5. Versez la purée dans le plat de service et servez en garniture de poissons.

Un simple filet d'huile d'olive, un peu de sel de Guérande, de poivre, un trait de citron sur le poisson cuit à la vapeur en papillote ou grillé, et le résultat est superbe. Même succès avec des champignons crus, en particulier des cèpes, agrémentés de noix fraîches, ou encore avec du filet de bœuf cru escalopé très finement, ce qu'en Italie, et surtout à Venise, on nomme «carpaccio».

PURÉE
À LA GRAISSE D'OIE

L e mélange muscade/curry ajoute une variante insolite et très plaisante à cette rustique purée, idéale pour accompagner un magret, un canard, un rôti de porc, etc.

POUR 4 À 6 PERSONNES

1 kg de pommes de terre à chair ferme	curry
(Charlotte)	muscade
150 g de graisse d'oie ou de canard	sel de mer, poivre
1 gousse d'ail	

⌣ un plat à gratin ⌣

1. Préchauffez le four à 210 °C (thermostat 7). Lavez les pommes de terre, mais ne les pelez pas. Piquez-les à la fourchette afin qu'elles n'éclatent pas à la cuisson et qu'elles se dessèchent bien. Faites-les cuire au four pendant 50 minutes. Laissez le four allumé sur position gril.

2. Après la cuisson, préparez les pommes de terre comme des *Pommes Macaire* (voir page 158), en écrasant la pulpe à la fourchette après l'avoir évidée dans un plat. La purée ne doit pas être d'une extrême finesse mais plutôt d'une grosse granulation.

3. Beurrez-la avec la graisse d'oie ou de canard et gardez-en un filet que vous faites fondre à la casserole. Assaisonnez bien la préparation avec le sel, le poivre, la noix de muscade râpée et une pointe de curry.

4. Préchauffez le gril du four ou la salamandre. Pelez la gousse d'ail et frottez-en un plat à gratin. Versez-y la purée et étalez-la en une couche de faible épaisseur. Arrosez-la du filet de graisse fondue et enfournez. Mettez à gratiner rapidement sous le plafond rayonnant du gril, ou à la salamandre. Servez aussitôt.

Lorsque vous accompagnez de pommes de terre cuites à la vapeur un sauté, une viande en sauce ou un bœuf bourguignon, faites-les cuire au-dessus de la viande en utilisant une marmite à double fond ou un couscoussier. Ainsi, vos pommes s'imprégneront du bouquet du plat.

PURÉE DE NAVETS
ET POMMES DE TERRE

C ette sublime recette est merveilleusement simple à réaliser et accompagne parfaitement un rôti de porc, un canard ou un gibier. La saveur subtile du gingembre imprègne légèrement ce plat, tandis que le navet – ce mal aimé qui n'a jamais mérité l'excès d'indignité qui le poursuit depuis des siècles – acquiert une nouvelle personnalité.

POUR 5 À 6 PERSONNES

750 g de navets	*2 oignons moyens*
750 g de pommes de terre (Ratte)	*2 gousses d'ail*
4 c. à soupe de graisse d'oie	*1 l de bouillon de volaille*
ou de canard	*12 croûtons de pain de mie*
8 baies de genièvre	*3 c. à soupe de jus de rôti de volaille*
4 ou 5 tranches de gingembre frais	*(facultatif)*
1 c. à café de romarin effeuillé	*1 pincée de sucre*
1 petite c. à café de poivre noir	*sel de mer, poivre*
en grains	

 une cocotte en fonte – un pilon à trous

1. Épluchez les navets et les pommes de terre. Taillez séparément les légumes en petits dés. Faites un nouet et enfermez-y les baies de genièvre, les tranches de gingembre frais, le romarin et les grains de poivre noir. Pelez les oignons et les gousses d'ail. Émincez les oignons. Hachez les gousses d'ail.

2. Dans une cocotte en fonte, faites chauffer 3 cuillerées à soupe de graisse d'oie ou de canard. Versez-y les dés de navets, salez légèrement, ajoutez une pincée de sucre et faites-les rissoler quelques instants jusqu'à ce qu'ils blondissent.

3. Ajoutez alors les pommes de terre par-dessus et faites les sauter quelques instants. Ajoutez ensuite les oignons et l'ail. Mouillez à faible hauteur de bouillon de volaille. Faites cuire à feu doux, pendant 25 minutes, jusqu'à évaporation du bouillon.

4. Faites chauffer le reste de graisse d'oie ou de canard et faites dorer les croûtons de pain de mie des 2 côtés.

5. Retirez le nouet d'épices de la cocotte, pilez la purée de navets et de pommes de terre avec un pilon à trous et rectifiez l'assaisonnement. Dressez-la dans un plat creux chaud et parsemez-la de croûtons de pain de mie. Si possible, à l'aide d'une cuiller, versez dessus, en cordon, du jus de rôti de volaille.

PURÉE
DE POMMES DE TERRE
SAFRANÉE

C ette purée à l'accent scandinave accompagne très bien des poissons tels que haddock, morue fraîche, saumon ou truite.

POUR 4 À 6 PERSONNES

---

1 kg de pommes de terre | *4 ou 5 c. à soupe de crème fraîche*
(Ratte ou BF 15) | *liquide*
1 branche de céleri, de fenouil | *1 gousse d'ail*
ou d'aneth | *2 c. à soupe de feuilles d'aneth*
1 oignon | *1 g de safran en filaments*
150 g de beurre | *gros sel de mer*

 un pilon à trous

1. Lavez la branche de céleri, de fenouil ou d'aneth et les feuilles d'aneth. Pelez et émincez l'oignon. Pelez les pommes de terre, lavez-les, mettez-les dans une casserole et recouvrez-les d'eau froide. Ajoutez dans l'eau de cuisson la branche de céleri, de fenouil ou d'aneth, l'oignon et le sel. Faites cuire pendant 20 à 30 minutes.

2. Après la cuisson, retirez la garniture aromatique, égouttez et pilez les pommes de terre en casserole à l'aide du pilon à trous. Incorporez par morceaux le beurre froid à la purée de pommes de terre, puis complétez avec la crème fraîche liquide.

3. Hachez les filaments de safran. Pelez la gousse d'ail. Mixez-la avec les feuilles d'aneth et le safran en poudre. Ajoutez alors ces éléments aromatiques relevés à la purée, mélangez bien et servez aussitôt.

Ce sont les stigmates séchés d'une variété de crocus qui fournissent le safran, l'une des épices les plus prisées et les plus chères au monde. Heureusement, on n'en utilise que très peu à la fois. Le safran possède un arôme profond, très personnalisé, avec une légère amertume qui n'a rien de désagréable. À l'achat, préférez les filaments frais, non secs, au safran en poudre qui peut être un mélange de plusieurs variétés, ce qui permet d'y intégrer un produit de mauvaise qualité.

QUENELLES
DE POMMES DE TERRE
GRATINÉES

V oici une recette exquise de quenelles de pommes de terre, capable de donner un peu de relief à une journée d'hiver maussade, et que vous pouvez servir en accompagnement d'une viande rôtie ou en plat principal avec une salade verte.

POUR 4 À 6 PERSONNES

1 kg de pommes de terre	*3 œufs entiers + 3 jaunes*
(Eersteling, Sieglinde, BF 15	*200 g de farine + 50 g pour le pétrissage*
ou Charlotte)	*100 g de gruyère fraîchement râpé*
1 bouquet garni	*muscade*
1 branche de céleri	*sel de mer, poivre*
250 g de beurre	

⌑ un moulin à légumes – un plat allant au feu ⌑
un plat allant au four

1. Épluchez et lavez les pommes de terre. Lavez les herbes du bouquet garni et nouez-les ensemble. Lavez la branche de céleri.

2. Faites cuire les pommes de terre à l'eau salée avec le bouquet garni et la branche de céleri, pendant 25 minutes. Au terme de leur cuisson, égouttez-les, mettez-les sur un plat allant au four et enfournez-les 4 à 5 minutes à l'entrée du four chaud afin d'éliminer une partie de l'humidité contenue dans la pulpe.

3. Jetez l'eau de cuisson et passez rapidement les pommes au moulin à légumes au-dessus de la casserole où elles ont cuit. Desséchez encore la purée 1 à 2 minutes, sur feu moyen, à l'aide d'une spatule en bois, et ajoutez 150 g de beurre froid en morceaux. Mélangez vigoureusement jusqu'à la fonte et l'incorporation complète du beurre. Hors du feu, ajoutez ensuite les œufs entiers, les jaunes, ainsi que la farine, quelques râpures de noix de muscade et du poivre du moulin.

4. Travaillez pour obtenir un mélange homogène. Finissez le pétrissage sur une table farinée.

5. À l'aide d'une cuiller, faites des boules de 50 g et roulez-les en forme de bouchons. Beurrez un plat allant sur le feu. Déposez les quenelles dans le plat beurré et versez alors sur les quenelles suffisamment d'eau bouillante salée pour bien les recouvrir. Faites-les pocher à faible ébullition, en les retournant avec une écumoire. Elles sont cuites quand elles remontent à la surface. Posez-les alors sur un torchon pour les égoutter.

6. Préchauffez le four sur position gril. Dans une petite casserole, faites fondre 100 g de beurre en prenant garde qu'il ne colore pas. Beurrez largement un autre plat, allant au four.

7. Égouttez les quenelles pour les déposer sur ce plat beurré. Saupoudrez de gruyère râpé le fond du plat, ainsi que toutes les quenelles. Arrosez-les à la cuiller du beurre fondu et enfournez. Faites gratiner rapidement sous le plafond du gril. Servez bien chaud à la sortie du four.

Vous pouvez préparer les quenelles 3 ou 4 heures à l'avance et les pocher au dernier moment.

LES RÂPÉES
ARDENNAISES

C ette fantaisie culinaire régionale, familiale et bien connue, demeure dans les traditions populaires ardennaises où chaque famille l'apprécie fort. Les râpées, on les attend assis autour de la table, chacun son tour, car elles sont meilleures servies de la poêle dans l'assiette. Dans les Ardennes, de Rethel à Charleville-Mézières, les râpées appartiennent à la coutume rurale populaire au même titre que les gaufres et le gâteau mollet. Cuites à la commande, on en mange selon les appétits. Le plus contraignant dans cette chose simple, c'est le râpage des pommes de terre à la râpe à fromage. Il existe des modèles de table munis d'une manivelle.

POUR 4 À 5 PERSONNES

4 grosses pommes de terre	50 g de saindoux, de lard ou d'huile
(Bintje ou Eersteling)	muscade
2 c. à soupe de farine	sel de mer, poivre
2 œufs	

1. Choisissez de grosses pommes de terre farineuses. Épluchez-les, passez-les sous l'eau claire, séchez-les parfaitement au torchon.

2. Râpez-les au-dessus d'une terrine ou d'un saladier. Versez ensuite la farine en la répartissant bien, ceci pour la cohésion de l'appareil à la cuisson.

3. Battez les œufs entiers en omelette et ajoutez-les aux pommes de terre râpées. Salez et poivrez. Complétez d'une pointe de muscade. Mélangez bien l'ensemble.

4. Dans une poêle moyenne, faites chauffer, sur feu modéré, le saindoux, le lard ou l'huile. À l'aide d'une cuiller, étalez un peu de la préparation dans la poêle chaude, en vous aidant également d'une fourchette, pour bien répartir la râpée sur une épaisseur de 4 à 5 mm. Laissez cuire 8 minutes. Retournez la râpée pour cuire l'autre face.

5. Débarrassez sur assiette chaude. Faites-en quelques-unes et servez-les bien chaudes.

On peut ajouter à ces crêpes de pommes de terre de la ciboulette ciselée, de minuscules lardons de poitrine fumée, préalablement blanchis.
Les râpées se consomment seules ou en garniture d'andouillettes grillées, de boudins blancs et noirs, ou de fines tranches de poitrine fumée passées en aller-retour à la poêle.

RAGOÛT
DE POMMES DE TERRE
CORINTHIEN

U ne recette originale aux saveurs ensoleillées pour escorter des crustacés par exemple.

POUR 4 À 5 PERSONNES

---

800 g de petites pommes de terre
(Charlotte)
120 g de raisins secs de Corinthe
1/2 l d'eau

160 g de beurre
3 branches de menthe fraîche
gros sel de mer

 une cocotte

1. Épluchez les pommes de terre, lavez-les et essuyez-les dans un torchon. Lavez les raisins de Corinthe et égouttez-les soigneusement. Récupérez 6 feuilles de menthe, lavez-les, ciselez-les et mettez-les en réserve.

2. Dans une cocotte, faites chauffer le beurre. Versez-y les raisins de Corinthe et les petites pommes de terre. Recouvrez d'eau froide, des branches de menthe et salez. Faites cuire à feu doux à découvert jusqu'à évaporation complète de l'eau, afin d'obtenir des pommes de terre et des raisins glacés par le beurre. Remuez en cours de cuisson.

3. Hors du feu, ajoutez la menthe finement ciselée, mélangez intimement et dressez le tout dans un plat de service. Servez.

LES POMMES FRITES

Ah ! les frites ! Je ne connais personne qui ne craque devant une assiette de frites croustillantes. Si les pommes de terre se prêtent à de nombreuses préparations, c'est bien souvent à la friture qu'elles sont accommodées.

Les variétés de pommes de terre BF 15, Eersteling, Charlotte ou Belle de Fontenay conviennent pour réussir de belles frites. Pour ma part, j'utilise uniquement les « Agria » produites par Jean-Pierre Clot à Jouy-le-Châtel en Seine-et-Marne. Ce sont des tubercules de forme oblongue allongée à la chair jaune foncé, farineuse, qui ne noircit pas après cuisson et, frite, reste savoureuse.

La forme des pommes de terre frites peut varier. En bâtonnets très minces, ce sont des pommes pailles ; plus gros, des pommes allumettes ; ce sont ensuite des frites « standard » et enfin, des pommes Pont-Neuf lorsqu'elles ont 1 cm de section. Coupées en rondelles très fines, ce sont des chips ou des pommes gaufrettes ; un peu plus épaisses, des pommes soufflées, plus difficiles à réussir.

Après avoir taillé et bien lavé les frites, je recommande de les plonger 1 ou 2 minutes dans de l'eau bouillante non salée, de les égoutter et de les laisser refroidir. Grâce à ce procédé, surtout quand les pommes de terre sont vieilles, les frites seront bien dorées, croustillantes et délicieuses.

Séchez bien les frites après les avoir blanchies, sinon leur eau ferait jaillir l'huile, qui monterait en bouillonnant dans la friteuse. Plongez une première fois les frites dans un bain d'huile à 160-170 °C, et laissez cuire une dizaine de minutes. Les pommes de terre doivent être cuites à cœur mais rester blanches. Sortez-les et égouttez-les. Puis, replongez-les dans un second bain plus chaud à 180-190 °C, jusqu'à ce qu'elles deviennent croustillantes. Un thermomètre est presque indispensable pour réussir l'opération. Vous pouvez aussi utiliser une friteuse électrique qui, équipée d'un thermostat, assure d'elle-même la bonne température. Mais évitez de cuire les frites avec le couvercle, surtout durant le second pochage : elles seraient peut-être moins croustillantes. Jadis, on faisait les frites dans des poêles noires et profondes, appelées fort justement «poêles à frire». Cette technique a toujours ma faveur, à condition de ne pas mettre trop de pommes de terre et de les cuire en deux fois. Quel que soit le récipient utilisé, il faut bien les égoutter sur un torchon ou avec du papier absorbant, puis les saler. Personnellement, je mélange toujours le sel fin, pour l'assaisonnement en profondeur, et le gros sel, qui croque un peu sous la dent (ou mieux, la fleur de sel de Guérande), un régal!

POMMES ALLUMETTES

En Belgique, la frite se dit nationale. Elle se déguste avec la moule, la double coquille servant à la pincer pour retirer la chair et la manger.

POUR 4 PERSONNES

1 kg de pommes de terre   *2 à 3 l d'huile de friture*
(BF 15, Eersteling, Charlotte   *gros sel de mer mélangé à du sel fin*
ou Belle de Fontenay)

 une friteuse

1. Épluchez les pommes de terre et taillez-les en sections de 3 à 4 mm. Lavez-les bien et séchez-les sur un torchon.

2. Procédez de la même façon que pour les *Pommes de terre Pont-Neuf* pour la friture (voir page 198).

POMMES BATAILLE

C'est souvent la forme sous laquelle les pommes frites sont taillées pour une préparation très facile et rapide.

POUR 4 À 5 PERSONNES

1 kg de pommes de terre   *2 à 3 l d'huile de friture*
(BF 15, Eersteling, Charlotte   *sel de mer*
ou Belle de Fontenay)

une friteuse

1. Épluchez les pommes de terre et taillez-les en cubes de 1 cm de côté. Lavez-les bien, égouttez-les et séchez-les sur un torchon.

2. Procédez ensuite de la même façon que pour les *Pommes de terre Pont-Neuf* pour la friture (voir page 198).

POMMES DE TERRE
PONT-NEUF

L a recette classique de ces frites est réalisée avec des pommes de terre taillées, de 6 à 7 cm de longueur sur 1 cm de section, les bouts équarris. Pour ma part, je préfère des frites mal taillées, aux pointes difformes, de longueur et de taille différentes : elles croustillent alors de façon inégale sous la dent. Mais il existe toujours des inconditionnels...

POUR 4 PERSONNES

1 kg de pommes de terre   *2 à 3 l d'huile de friture*

(BF 15, Eersteling, Charlotte   *gros sel de mer mélangé à du sel fin*

ou Belle de Fontenay)

 une friteuse

1. Faites chauffer le bain d'huile à 160-170 °C.

2. Épluchez et taillez les pommes de terre en bâtonnets de 6 à 7 cm de longueur environ et de 1 cm de section. Lavez-les bien, égouttez-les et séchez-les sur un linge.

3. Le bain de friture doit être chauffé à 160-170 °C. Plongez-y une petite quantité de pommes à la fois de façon qu'elles baignent largement et qu'elles soient saisies, mais sans coloration, afin d'éviter à la matière grasse de les pénétrer.

4. Dès que les frites sont cuites, après environ 10 minutes, retirez-les du bain avec le panier.

5. Plongez-les une seconde fois dans la friture à 180-190 °C, pendant 3 à 4 minutes. Elles doivent être dorées et croustillantes. Retirez-les du bain avec le panier et secouez-les pour enlever le plus de graisse possible.

6. Égouttez-les ensuite sur un torchon ou un papier absorbant, assaisonnez-les et mélangez-les délicatement afin de bien répartir le sel.

7. Elles se dressent en petits tas, croisées et par portion au moment de servir.

POMMES GAUFRETTES

L es pommes gaufrettes se préparent comme les pommes de terre chips dont elles ne sont qu'une variante fantaisiste.

POUR 4 À 5 PERSONNES

1 kg de pommes de terre   *2 à 3 l d'huile de friture*
(BF 15, Eersteling, Charlotte   *sel de mer fin*
ou Belle de Fontenay)

 une friteuse

1. Faites chauffer le bain d'huile à 180 °C.

2. Épluchez les pommes de terre et taillez-les en fines rondelles à la lame cannelée de la mandoline, une fois dans un sens, la deuxième fois dans l'autre, pour imiter une gaufrette.

3. Faites-les tremper dans l'eau, afin de les débarrasser au maximum de la fécule qu'elles contiennent. Égouttez-les et séchez-les sur un linge. Plongez-les dans la friture (à 180 °C), pendant 3 à 4 minutes, en les remuant sans cesse à l'aide d'une spatule de bois ou d'une écumoire, pour qu'elles ne collent pas entre elles.

4. Égouttez délicatement les pommes dès qu'elles sont sèches et dorées sur un torchon ou du papier absorbant. Salez-les et servez.

Comme les pommes de terre chips, les pommes gaufrettes sont amusantes à consommer chaudes ou froides, à table avec des petits gibiers rôtis ou de la volaille grillée, ou bien au bar, à l'apéritif.

POMMES PAILLES

C'est la garniture idéale pour accompagner un perdreau ou un pigeon rôti. Le *nec plus ultra* est de remplacer l'huile de friture par du beurre clarifié. Dans ce cas, pochez les pommes en plusieurs fois dans 1 litre de beurre. C'est onéreux mais quelle différence !

POUR 4 À 5 PERSONNES

1 kg de pommes de terre   *2 à 3 l d'huile de friture*
(BF 15, Eersteling, Charlotte   *sel de mer fin*
ou Belle de Fontenay)

⌣ une friteuse ⌣

1. Épluchez les pommes de terre et taillez-les en julienne à la mandoline, à défaut au couteau. Faites-les tremper comme pour les *Pommes de terre chips* (voir page 206) et ensuite, procédez de la même façon.

2. Les pommes pailles se consomment chaudes.

Pour préparer le beurre clarifié, coupez-le en petits morceaux et mettez-le à fondre au bain-marie. Faites chauffer à feu doux. Une fois fondu, retirez du feu et laissez les résidus se déposer au fond du récipient pendant 10 minutes environ. Il doit y avoir une couche d'une sorte de petit lait au fond et une couche de mousse sur le dessus. À l'aide d'une cuiller, écumez la mousse et passez dans une fine passoire, garnie d'une mousseline mouillée, le beurre fondu en prenant soin de laisser dans la casserole tous les résidus.

Pour faire fondre le beurre, vous pouvez aussi utiliser le four micro-ondes : mettez le beurre dans un récipient assez volumineux pour éviter au beurre de déborder et d'éclabousser tout le four. Couvrez-le de film étirable et mettez à pleine puissance, pendant 2 minutes environ. Retirez le récipient du four et laissez reposer comme précédemment pour que les résidus se déposent.

Conservez le beurre clarifié dans un récipient hermétique au réfrigérateur : il se garde ainsi plusieurs semaines.

Le beurre clarifié est indispensable pour la réalisation de certaines cuissons délicates, lorsque, dans les préparations, on ne veut pas de ces désagréables petites particules noires, inévitables avec le beurre non clarifié.

POMMES DE TERRE
À LA DUNKERQUOISE

V oici une préparation simple et originale, que nous offre cette région du nord de la France.

POUR 5 À 6 PERSONNES

1 kg de petites pommes de terre (Ratte)	*2 à 3 l d'huile de friture* *sel de mer*

⊏⊐ une friteuse ⊏⊐

1. Faites chauffer l'huile de friture à 170 °C. Pelez les pommes de terre et faites-les cuire à moitié à l'eau salée pendant 10 minutes. Égouttez-les et étalez-les bien afin qu'elles refroidissent rapidement.

2. Quand elles sont bien refroidies, plongez les pommes de terre dans un bain d'huile chaude, pendant 8 minutes, jusqu'à ce qu'il se forme autour une croûte dorée.

3. Dès qu'elles sont cuites, retirez-les de la friteuse à l'aide d'une écumoire, égouttez-les sur du papier absorbant et salez-les. Dressez-les sur un plat chaud et servez.

Idéale recette ménagère, variante des pommes rissolées, pour accompagner un morceau de lard de poitrine salée et bouillie.
Les « grenailles » ne sont pas une variété, mais des petites pommes de terre qui, nouvelles, sont très savoureuses. On les utilise donc généralement non épluchées puisque primeurs.

POMMES DE TERRE CHIPS

E lles sont amusantes à consommer chaudes ou froides, à table avec des petits gibiers rôtis ou de la volaille grillée, ou bien au bar à l'apéritif.

POUR 4 À 5 PERSONNES

1 kg de pommes de terre	*2 à 3 l d'huile de friture*
(BF 15, Eersteling, Charlotte	*sel de mer fin*
ou Belle de Fontenay)	

 une friteuse

1. Faites chauffer le bain d'huile à 180 °C.

2. Épluchez les pommes de terre et taillez-les en fines rondelles à la mandoline (si vous n'avez pas de mandoline, utilisez le disque du robot).

3. Faites-les tremper dans l'eau, afin de les débarrasser au maximum de la fécule qu'elles contiennent. Égouttez-les et séchez-les sur un linge. Plongez-les dans la friture, à 180 °C, pendant 3 à 4 minutes, en les remuant sans cesse, pour qu'elles ne collent pas, à l'aide d'une spatule en bois ou d'une écumoire.

4. Égouttez délicatement les pommes dès qu'elles sont sèches et dorées sur un torchon ou du papier absorbant. Salez-les et servez.

FANTAISIES
AUX POMMES
DE TERRE

CANAPÉS
DE POMMES DE TERRE
AU FROMAGE

U ne façon originale de servir des canapés à l'apéritif, la
pomme de terre faisant office du pain de mie traditionnel. Il
est possible de diversifier la garniture, par exemple : aux filets de
hareng à la coriandre, aux œufs de caille poêlés au lard fumé, au
fromage de chèvre frais chaud agrémenté d'olives noires, sarriette
et huile d'olive, etc.

POUR 6 À 8 CANAPÉS

2 pommes de terre	en tranches de 2 mm
(BF 15, Charlotte)	d'épaisseur environ
gros sel de mer	2 cl d'huile d'arachide
Pour la garniture :	paprika
150 g de fromage à raclette coupé	poivre

1. Lavez les pommes de terre avec la peau. Faites-les cuire à l'eau
salée pendant 25 minutes.

2. Pelez-les, coupez-les en lamelles de 1 cm d'épaisseur. Huilez
au pinceau la plaque du four. Préchauffez le gril rayonnant du
four.

3. Ôtez la croûte du fromage et découpez-le en morceaux de la
taille des pommes de terre. Recouvrez-en chaque lamelle de
pomme de terre.

4. Mettez dans le haut du four pendant 3 à 4 minutes, jusqu'à ce
que le fromage commence à fondre.

5. Sortez du four, saupoudrez les canapés de paprika, poivrez-les
et dressez-les sur un plateau de service. Servez-les aussitôt.

CONFITURE
DE POMMES DE TERRE

C'est amusant, extravagant et pas mauvais du tout. Et puis, les passionnés y trouveront facilement des assemblages et des variantes.

POUR 1 KG DE POMMES DE TERRE

1 kg de pommes de terre (Bintje)
1 kg de sucre
2 gousses de vanille
cannelle

gélifiant (pectine)
(suivre les indications fournies
sur la notice)

un thermomètre à sucre

1. Préparez une purée desséchée, avec des pommes farineuses : lavez des pommes de terre en peau, de taille uniforme pour qu'elles soient toutes cuites en même temps.

2. Mettez-les entières dans une casserole et couvrez-les d'eau froide de façon que le niveau de l'eau dépasse de 2 cm celui des légumes. Salez à raison de 10 g par litre d'eau. Faites cuire à couvert à tout petits bouillons, pendant environ 20 à 30 minutes, jusqu'à ce que les pommes de terre soient facilement traversées par la lame d'un couteau.

3. Égouttez rapidement les pommes de terre dès qu'elles sont cuites. Pelez-les encore tièdes. Passez-les au moulin à légumes, grille la plus fine, au-dessus d'une grande casserole.

4. Faites légèrement dessécher la purée sur le feu en la remuant vigoureusement avec une spatule en bois, pendant 4 à 5 minutes. Ajoutez en casserole, pour 1 kg de pommes de terre, 1 kg de sucre semoule, la ou les 2 gousses de vanille ouvertes, une pointe de cannelle. Ajoutez du gélifiant pectine que l'on trouve partout dans le commerce.

5. Laissez cuire la confiture. Elle doit devenir transparente et atteindre 110 °C. Vérifiez la cuisson à l'aide d'un thermomètre à sucre. Retirez la mousse blanche qui nage à la surface avec une écumoire.

6. Débarrassez en pots. Gardez ceux-ci au frais.

EN CONCLUSION

La pomme de terre est le légume roi en cuisine, et, malgré sa popularité, elle n'est pas un légume mineur. En outre, de goût neutre et fade, elle prend tous les goûts ajoutés, c'est génial !

À de simples pommes de terre à l'eau salée, cuites à la peau, pelées, on peut oser associer un bouquet garni, une branche de céleri, une branche de fenouil vert ou de l'aneth, de l'oignon, de l'ail, de l'huile d'olive pour faire barigoule, du safran, du curry, etc., des algues aussi, pour obtenir des parfums nouveaux et marins.

En somme, suivant l'inspiration et la gourmandise de chacun, la pomme de terre nous entraîne sur un registre culinaire de mille et une recettes, sans compter la confiture...

ANNEXES

GLOSSAIRE

Appétits : on désigne sous ce terme la ciboulette, la ciboule et les petits oignons qui, par leur nature, ont des propriétés apéritives.

Blanchir : passer quelques secondes dans de l'eau bouillante, des légumes épluchés, des fruits pour en éliminer l'âcreté mais aussi certaines viandes pour épurer et raffermir leur épiderme, retirer l'excès de sel comme les lardons. Dans ce cas, on met les lardons dans de l'eau froide que l'on porte à ébullition. On peut également *blanchir* des pommes de terre en les plongeant dans un bain de friture pour les faire cuire très légèrement sans coloration avant d'effectuer une seconde cuisson.
Enfin, *blanchir* s'applique aussi lorsqu'on mélange vigoureusement des jaunes d'œufs et du sucre jusqu'à ce que l'appareil « blanchisse ».

Bouchon : outre son usage courant, le bouchon, qui vient de *busca* (« bousche »), désignait une touffe de paille qu'on utilisait pour fermer un bocal mais qui servait également d'enseigne aux cabarets. Ce terme est repris dans nos recettes pour désigner la forme cylindrique d'un bouchon de liège pour goulot de bouteille (voir *Salade Athéna*, page 59).

Bouquet garni : le bouquet garni se compose de thym, de laurier et de persil, auxquels on peut ajouter du romarin, de la sarriette (voir définition dans la recette des *Pommes de terre berrichonnes*, page 98).

Brunoise : façon de tailler les légumes en minuscules dés, d'environ 2 mm de côté.

Cerner : pratiquer une incision sur la peau de certains fruits et légumes pour éviter qu'ils n'éclatent à la cuisson, ou pour marquer une découpe qui apparaîtra après cuisson.

Chinois : passoire fine en acier de forme pointue.

Corder : rendre collant et dur. Une purée de pommes de terre est *cordée* lorsqu'on écrase les pommes par un mouvement de rotation alors qu'il est préférable d'avoir un mouvement vertical pour éviter de «casser» la fibre.

Cuire en émulsion : cuire à tout petits bouillons pour provoquer une émulsion à l'apparence laiteuse.

Détendre (une sauce) : allonger avec un liquide.

Dorer à l'œuf : passer, au pinceau, un œuf battu avec un peu d'eau sur des aliments qui doreront au four.

Dresser : mettre sur un plat ou une assiette de service en soignant la présentation.

Ébarber : couper les éléments qui dépassent des œufs pochés, des moules cuites ou encore des poissons (nageoires).

Émincer : couper en tranches fines.

Foncer : garnir un moule d'une pâte.

Gruger : réduire en grains irréguliers.

Julienne : couper en petits filaments.

Luter (un couvercle) : fermer hermétiquement un couvercle pour une cuisson sans évaporation. Pour cela, on utilise un *lut*, sorte de pâte faite de farine et d'eau (appelée aussi *pâte mollette*).

Mandoline : coupe-légumes muni de deux lames tranchantes, dont l'une peut être cannelée, servant à détailler les légumes en tranches très fines, en julienne.

Mignonnette : poivre assez grossièrement concassé.

Monder : retirer la peau d'un fruit, d'un légume après les avoir blanchis.

Mouiller à hauteur : verser de l'eau, du bouillon ou tout autre liquide jusqu'à recouvrir à peine les aliments à cuire.

Nouet : petit sachet fait de mousseline ou de toile très fine dans lequel on met des aromates qui ne doivent pas se mélanger à la préparation, mais seulement lui apporter leur parfum.

Passette : petite passoire à treillis souple, en tissu, en métal ou en plastique très fin.

Pâte mollette : pâte composée de farine et d'eau que l'on utilise pour luter un couvercle. Elle doit être suffisamment souple pour boucher tous les interstices et suffisamment ferme pour clore hermétiquement une terrine.

Pluches : petites feuilles (sans tige) des herbes aromatiques.

Poêler : 1 – saisir vivement les aliments dans une poêle, dans un corps gras chaud, sur toutes les faces ;
2 – cuire aussi à couvert, avec de la matière grasse, une garniture aromatique et un court-mouillement.

Salamandre : appareil professionnel, électrique ou à gaz, dont la chaleur rayonnante vient d'en haut.

Tamis : cercles de bois ou d'acier sur lesquels on tend une toile, plus ou moins fine, afin de passer de la farine, du sucre glace pour en éliminer les grumeaux, mais aussi pour obtenir plus de finesse d'une purée, d'une farce, etc.

Timbale : sorte de légumier aux bords assez hauts.

Verjus : suc acide de certaines variétés de raisin ou de raisin vert.

TABLE DES MATIÈRES

Avant-propos 7
Éloge d'un légume roi 9
Histoire 11
Les qualités nutritionnelles de la pomme de terre 25
Les variétés et leur bon usage 29

LES RECETTES

Les potages

Potage parisien 38
Potage cressonnière 41
Potage aux herbes 42
Potage julienne Darblay 45
Soupe poireaux pommes de terre à la maraîchère 47
Potage Parmentier 48
Potage santé 50

Les salades

Introduction 55
Salade de pommes de terre à la parisienne 56
Salade Athéna 59
Salade caennaise 61
Salade carmélite 64
Salade cressonnière 66
Salade Gabriel 68
Salade jurassienne 69
Salade du pays de Caux 72
Salade de pommes céleri 73
Salade de pommes de terre honfleuraise 74
Salade de pommes de terre aux herbes 76
Salade de pommes endives 78
Salade scandinave 79

Les plats

Le Baeckeoffa 82

Côtelettes de mouton Champvallon 84
«Croque-Monsieur» aux pommes de terre 85
Gratin dauphinois 86
Gratin de pommes de terre au Roquefort 89
Goulasch à la hongroise 90
L'Irish-stew 92
Mousse de pommes Parmentier 94
Omelette du Valais 95
Pintade rôtie aux pommes de terre confites 96
Pommes à l'ardennaise 97
Pommes de terre berrichonnes 98
Pommes de terre au Comté 100
Pommes à la rethéloise 101
Pommes de terre en surprise 103
Pommes de terre des vendangeurs 106
Tarte aux pommes de terre 107
La truffado ou truffade 110

Les garnitures

L'aligot 112
La farcidure de pommes de terre 113
Le clafoutis picard 114
Le farçon de Bresse 116
Galette de pommes de terre 117
Galettes de pommes de terre à la grecque 118
Galettes de pommes de terre à la mode de Bayreuth 120
Gratin de pommes et poireaux au cinq-épices 121
Pâté de pommes de terre solognot 123
Pommes et artichauts sautés aux amandes 126
Pommes de terre en béchamel 128
Pommes de terre Byron 130
Pommes de terre boulangères 131
Pommes aux ciboulettes 132
Pommes de terre au caramel 134
Pommes de terre au raisin 135
Pommes de terre compotées aux pruneaux 136
Pommes à la crème 138
Pommes de terre à l'étouffée 139
Pommes en croûte de sel 140
Pommes Darphin ou Paillasson de pommes de terre 142
Pommes de terre farcies à l'ail 143
Pommes amandine 145
Pommes duchesse 146
Croquettes de pommes de terre 148
Pommes marquise 149
Pommes dauphine 150
Pommes de terre au fromage blanc 151
Pommes de terre gratinées clermontoises 152
Pommes de terre à la hongroise 154

Pommes de terre au lard 156
Pommes Macaire 158
Pommes de terre à la menthe 160
Pommes de terre à la lyonnaise 162
Pommes de terre à la normande 163
Pommes de terre ménagères 165
Pommes gratinées 166
Pommes sarladaises 167
Pommes de terre poêlées au cerfeuil 168
Pommes de terre Robert 170
Pommes Saint-Florentin 172
Soufflé de pommes de terre 175
Pommes sautées à cru 178
Pommes tapées au beurre noisette 180
La purée de pommes de terre 182
Purée de pommes à l'ancienne aux appétits 184
Purée de pommes de terre à l'huile d'olive 185
Purée à la graisse d'oie 186
Purée de navets et pommes de terre 188
Purée de pommes de terre safranée 189
Quenelles de pommes de terre gratinées 190
Les râpées ardennaises 192
Ragoût de pommes de terre corinthien 194
Les pommes frites (introduction) 195
Pommes allumettes 197
Pommes bataille 197
Pommes de terre Pont-Neuf 198
Pommes gaufrettes 200
Pommes pailles 202
Pommes de terre à la dunkerquoise 204
Pommes de terre chips 206

Fantaisies aux pommes de terre

Canapés de pommes de terre au fromage 208
Confiture de pommes de terre 209

Conclusion 211

ANNEXES

Glossaire 215
Index 222

INDEX

L'aligot 112

Le Baeckeoffa 182

Canapés de pommes de terre au fromage 208
Le clafoutis picard 114
Confiture de pommes de terre 209
Côtelettes de mouton Champvallon 84
«Croque-Monsieur» aux pommes de terre 85
Croquettes de pommes de terre 148

La farcidure de pommes de terre 113
Le farçon de Bresse 116

Galette de pommes de terre 117
Galettes de pommes de terre à la mode de Bayreuth 120
Galettes de pommes de terre à la grecque 118
Gratin dauphinois 86
Gratin de pommes et poireaux au cinq-épices 121
Gratin de pommes de terre au Roquefort 89
Goulasch à la hongroise 90

L'Irish-stew 92

Mousse de pommes Parmentier 94

Omelette du Valais 95

Pâté de pommes de terre solognot 123
Pintade rôtie aux pommes de terre confites 96
Pommes allumettes 197
Pommes amandine 145
Pommes à l'ardennaise 97
Pommes et artichauts sautés aux amandes 126
Pommes bataille 197
Pommes aux ciboulettes 132
Pommes à la crème 138
Pommes en croûte de sel 140
Pommes Darphin ou Paillasson de pommes de terre 142
Pommes dauphine 150
Pommes duchesse 146

Les pommes frites (introduction) 195
Pommes gaufrettes 200
Pommes gratinées 166
Pommes Macaire 158
Pommes marquise 149
Pommes pailles 202
Pommes à la rethéloise 101
Pommes Saint-Florentin 172
Pommes sarladaises 167
Pommes sautées à cru 178
Pommes tapées au beurre noisette 180
Pommes de terre en béchamel 128
Pommes de terre berrichonnes 98
Pommes de terre boulangères 131
Pommes de terre Byron 130
Pommes de terre au caramel 134
Pommes de terre chips 206
Pommes de terre compotées aux pruneaux 136
Pommes de terre au Comté 100
Pommes de terre à la dunkerquoise 204
Pommes de terre à l'étouffée 139
Pommes de terre farcies à l'ail 143
Pommes de terre au fromage blanc 151
Pommes de terre gratinées clermontoises 152
Pommes de terre à la hongroise 154
Pommes de terre au lard 156
Pommes de terre à la lyonnaise 162
Pommes de terre ménagères 165
Pommes de terre à la menthe 160
Pommes de terre à la normande 163
Pommes de terre poêlées au cerfeuil 168
Pommes de terre Pont-Neuf 198
Pommes de terre au raisin 135
Pommes de terre Robert 170
Pommes de terre en surprise 103
Pommes de terre des vendangeurs 106
Potage cressonnière 41
Potage aux herbes 42
Potage julienne Darblay 45
Potage parisien 38
Potage Parmentier 48
Potage santé 50
Purée à la graisse d'oie 186
Purée de navets et pommes de terre 188
Purée de pommes à l'ancienne aux appétits 184
La purée de pommes de terre 182
Purée de pommes de terre à l'huile d'olive 185
Purée de pommes de terre safranée 189

Quenelles de pommes de terre gratinées 190
Ragoût de pommes de terre corinthien 194
Les râpées ardennaises 192

Salade Athéna 59
Salade caennaise 61
Salade carmélite ...t... 64
Salade cressonnière 66
Salade Gabriel 68
Salade jurassienne 69
Salade du pays de Caux 72
Salade de pommes céleri 73
Salade aux pommes endives 78
Salade de pommes de terre aux herbes 76
Salade de pommes de terre honfleuraise 74
Salade de pommes de terre à la parisienne 56
Salade scandinave 79
Soufflé de pommes de terre 175
Soupe poireaux pomme de terre à la maraîchère 47

Tarte aux pommes de terre 107
La truffado ou truffade 110

Composition réalisée par COMPOFAC - PARIS
Achevé d'imprimé en mars 1997
sur les presses d'I.M.E. à Baume-les-Dames
LIBRAIRIE GÉNÉRALE FRANCAISE - 43, quai de Grenelle - 75015 Paris
ISBN : 2-253-08159-0 - N° dépôt édit : 1359

30/8159/3